JN308464

日本語から見た日本人

主体性の言語学

開拓社
言語・文化選書
16

日本語から見た日本人

主体性の言語学

廣瀬幸生・長谷川葉子 著

開拓社

はじめに

　ことばは，それを話す人のこころや，それが話されている文化・社会のありようを映すものである。この考えは古くからあり，言語学のみならず，哲学，文学，心理学，文化人類学，社会学，ひいては精神医学などの諸学問において，ことばと人間および人間社会の関係の重要性が認識されてきた。

　本書も同じ観点に立ち，われわれの母語である日本語から，日本人の特性と日本文化について考えるものである。このような目的をもつ研究は，これまでも数多くなされてきており，いわゆる日本人論，あるいは日本文化論と呼ばれるジャンルに入れられることが多い。

　しかし，本書は，「主体性の言語学」という副題が示すように，伝統的な日本人論とは一線を画すものである。言語学で言う主体性とは，ことばで自己を表現することである。本書は，特に，日本語に見られる個の主体性，つまり，個としての自己表現に注目し，そこに日本人の自己意識の強さが反映されていることを言語学的に論じるものである。

　一方，伝統的な日本人論では，日本人の言語行動はウチ・ソトの対立などに見られる集団性の論理によって支配されているという見方が強く，個の主体性が集団に同化・埋没するとまで言われてきた。

　そこで，本書は，まず，伝統的日本人論で主張される集団モデルを言語学的立場から批判的に検討し，集団性の論理が日本語の本質的特徴とは相容れないところがあることを明らかにする。集

団性を示唆すると思える現象が日本語に多いことは否定できないが，そのような現象の背後に，実は，英語などの西洋語以上に強い個の意識に根ざした言語体系が存在することを，さまざまな言語現象の分析を通して主張していく。

この考察を通して浮かび上がってくる日本人像は，個としての自己意識が強く，そのためにかえって対人関係に敏感になるという性格である。本書は，この逆説的二面性に日本人の表現構造の本質があることを示すとともに，英語などと比べ，日本語の持つ自己志向性の強い側面を描き出すものである。

本書の構成は，以下のとおりである。

第1章は，上記の伝統的日本人論で主張される集団モデルの言語学的批判から始まり，本書の土台・出発点をなす。日本語に反映される日本人の自己の概念が，集団モデルで言うように，ウチという集団に同化し，状況に応じて常に変化するとは決して言えないということを明らかにする。そして，個の主体性に根ざす言語現象の考察を通して，言語主体としての話し手には，公的側面（他者に関わる社会的な伝達の主体）と私的側面（他者への関わりを意識しない，思考・意識の主体）があることを論じ，英語が公的自己中心の言語と特徴づけられるのに対し，日本語は私的自己中心の言語と特徴づけられることを示す。公的自己・私的自己の区別に対応して，言語表現も，社会的な対人関係が関わる公的表現と，内的な意識に対応する私的表現が区別され，特に日本語では，この言語表現の区別が大きな意味をもつことを見る。

第2章では，日本語における一人称代名詞の省略の問題を取り上げ，これが，集団モデルで言うような自我意識の欠如を示すものではなく，それとは反対に，日本語における自己志向性の強さを示すものであることを明らかにする。日本語の自己志向性の

強さは，日本語が自己を他者より優位に置く特徴を持つということから説明され，他者志向性の強い英語との比較検討が行われる。

第3章は，日本語の自己志向性の強さと密接に関係する現象として，独り言の問題を取り上げる。言語学では，独り言の問題に正面から取り組んだ研究はほとんどない。ここでは，日本語の独り言に関する実験データを使い，特に，終助詞の「ね」と「よ」が独り言に現れた際の機能について考察する。どちらも，伝統的には，話し手と聞き手の知識の分布を基に分析されてきたものだが，知識量の異なる聞き手が存在しない独り言においては，自己の思考を監視・制御する働きがあることを示す。

第4章では，情報のなわ張り（発話の伝える情報が誰に属するか）という考え方に基づき，日本語が英語に比べて，伝聞行為に関して敏感な言語であり，伝聞情報を他者に伝えるのに伝聞表現が不可欠であることを見る。そして，これは，日本語が私的自己中心の言語であるため，本質的に伝達性が弱いことの裏返しであるということを論じる。

第5章では，日本語のポライトネス現象（敬意表現も含めて，円滑な人間関係の構築に寄与する言語使用）における独り言の意義について考察する。日本語では親密さと敬意を同時に表現するのが難しいということを見た後で，丁寧体の対話の中に独り言的発話を入れることによって，聞き手に対する敬意と親しみを同時に示すことができることを指摘する。これは，対話の中で独り言を用いると，話し手は自らの心の内をさらけ出すことになるので，それによって聞き手への信頼や親密さが生まれるからであると説明される。

第6章では，私的表現・公的表現の区別が言語使用形態の違

いとどのような関係にあるかを，まず小説から例を取って検討し，その後で，独り言についても同様の観点から考察を加える。小説における言語使用では，意識描出・心内発話・会話という三つの形態が区別され，これらは，公的性の度合い（話し手が他者を意識する度合い）に応じて区別されることを見る。独り言か対話かという，日常的言語使用における区別にも，言語表現の公的性の度合いが重要な意味をもつことを明らかにする。

　本書が一貫して主張することは，日本語のさまざまな現象が，私的自己と公的自己の区別の重要性を示し，この二つの自己の存在が，時として，逆説的に作用するということである。つまり，日本語から見た日本人は，自己意識が強く，だからこそ逆に，対人関係に敏感になるのである。日本人にとって，対人関係は建前として重視しなければならないが，その陰には，本音としての強い自己意識があるということになる。

　本書が，日本語と日本人の関係，ひいては，ことばと文化の関係の理解促進に寄与することができれば，われわれ著者にとって大きな喜びである。

目　　次

はじめに　*v*

第1章　日本人は「集団主義的」か
　　　　――言語学からの批判的検討――　・・・・・・・・・・・・・・・・・・・・・*1*
1. はじめに　*2*
2. 社会・文化モデルと言語の関係　*3*
3. 集団モデルと自己の流動性　*4*
4. ウチに同化しない不変の絶対的自己　*8*
5. 絶対的自己の優位性　*11*
6. 普遍的概念としての自己とその二面性　*15*
7. 私的自己中心の日本語・公的自己中心の英語　*18*
   7.1. 日英語における私的自己・公的自己　*18*
   7.2. 絶対的自己と私的自己・公的自己の関係　*23*
   7.3. 日英語における自由間接話法　*25*
8. 「裸」の個人と「衣服」としての集団　*30*
9. まとめ　*33*

第2章　代名詞の不使用と自己志向性　・・・・・・・・・・・・・・・・・・・・・*37*
1. はじめに　*38*
2. 日英語と主体化の度合い　*40*
3. 日英語における自己と他者の関係　*44*
   3.1. 日本語における文法項の省略可能性　*44*
   3.2. 「自分」と「人」対 I と you　*48*
   3.3. 日本語の自己志向性と英語の他者志向性　*56*
4. 日記英語における空主語と主体化　*56*
5. 「教科書英語」的日本語における自己と他者の同等性　*68*
6. まとめ　*71*

第3章　日本語における独り言 ･････････････････････ *73*
  1.　はじめに　*74*
  2.　プライベートスピーチ　*77*
  3.　独り言調査　*80*
    3.1.　データ収集　*80*
    3.2.　終助詞の頻度と実例　*82*
  4.　終助詞「ね」と「よ」　*88*
    4.1.　先行研究　*88*
    4.2.　「ね」の分析　*91*
    4.3.　「よ」の分析　*96*
  5.　終助詞の習得　*100*
  6.　「ね」と「よ」の頻度差　*104*
  7.　まとめ　*108*

第4章　伝聞と情報のなわ張り ･･････････････････････ *109*
  1.　はじめに　*110*
  2.　情報のなわ張り　*112*
  3.　伝聞に関する日英語の違い　*119*
  4.　私的自己・公的自己に基づく説明　*125*
  5.　まとめ　*131*

第5章　親密さと敬い ･･････････････････････････････ *133*
  1.　はじめに　*134*
  2.　日本語の敬意表現　*136*
  3.　ポライトネスと敬語　*138*
  4.　スピーチスタイルシフト　*141*
  5.　丁寧体会話に埋め込まれた独り言　*150*
  6.　指標性再考　*154*
  7.　まとめ　*156*

第6章　言語使用の形態と公的性の度合い ･････････････ *159*
  1.　はじめに　*160*
  2.　小説における意識描出と心内発話　*161*

2.1. 意識描出　*162*
   2.2. 心内発話　*165*
3. 思考動詞と心内発話　*170*
   3.1. 日本語の「思う」　*170*
   3.2. 英語の think　*171*
4. 会話・心内発話・意識描出と公的性の度合い　*176*
5. 独り言再考　*182*
   5.1. 私的・公的発話と私的・公的表現　*183*
   5.2. 独り言の二つのタイプ　*184*
   5.3. 独り言と公的性の度合い　*187*
6. まとめ　*191*

あとがき ································· *193*

参考文献 ································· *195*

索　　引 ································· *205*

第1章

日本人は「集団主義的」か
――言語学からの批判的検討――

1. はじめに

　日本人は集団主義的である,というのが日本文化論において日本人を特徴づける最も顕著な見方である。この見地から,日本人は自我意識に欠けるとか,日本社会は対立を避け和を尊ぶといった考え方も生じる。この集団主義の見方は,文化人類学・社会学・社会心理学を始めとして多くの分野における日本研究に現れる(この現象に関する文献は,南 (1994),杉本・マオア (1995),高野 (2008) などを参照)。日本語の言語文化研究もその例外ではなく,日本語は集団主義と不可分の関係にある「ウチ・ソト」の概念によって特徴づけられるとする研究も多い (Bachnik (1994),Wetzel (1994),牧野 (1996) など)。

　このような日本文化論は,よく知られているように,日本人・日本社会は特殊であり異質だという神話を生み出すきっかけとなり,多くの日本人もまた,それを何の疑いもなく信じ込んできたきらいがある。しかし近年(特に 80 年代以降),文化人類学や社会学などの分野で日本文化論が再考され,いわゆる日本特殊論,あるいは日本異質論に対して批判を加える研究が発表されている(ベフ (1987),杉本・マオア (1995),濱口 (1996),青木 (1999) など)。また,心理学を中心として,「日本人＝集団主義」説に対して批判的考察を行っている詳細な研究に高野 (2008) がある。

　本章では,言語研究の立場から,個の欠如とまで言われる日本人の集団性を検討し,そのような集団モデルは,日本語の本質的特徴とは相容れないところがあることを明らかにする。もちろん,集団性を示唆すると思える現象が日本語に多いことは否定できないが,本章で論じる重要な点は,そのような現象の背後に,実は,英語などの西洋語以上に,強い個の意識に根ざした言語体

系が存在するということである。

　本章の構成は次のとおりである。まず第 2 節で社会・文化モデルと言語との一般的な関係について述べ，第 3 節で，日本人に関する集団モデルとそれに基づく相対的で流動的な自己という考え方を，それを動機づけるとされる言語現象とともに概観する。第 4 節と第 5 節では，集団モデルでの「ウチに同化する相対的な自己」という概念を批判的に検討し，特に心理述語に関する現象を考察することで，日本語においても，ウチに同化しない絶対的な自己を想定しなければならないことを示す。その絶対的な自己とは，言語主体としての自己であり，その意味で普遍的な概念である。第 6 節では，この普遍的な言語主体としての自己には二つの側面があることを見る。一つは伝達の主体としての「公的自己」という側面であり，もう一つは思考・意識の主体としての「私的自己」という側面である。公的自己は意思を伝達しようとすることで他者に関わる社会的な存在であり，一方，私的自己は他者への関わりを意図しない個人的な存在である。第 7 節と第 8 節では，英語のような西洋語は，体系として考えるとき，公的自己を中心とした言語であるのに対し，日本語は，より本質的な部分では，私的自己を中心とした言語であるということを論じる。そして，そこから浮かび上がる日本人像は，集団モデルが描くものとは正反対の，内的な自己意識に基づく極めて個人的な存在であることを見る。

2. 社会・文化モデルと言語の関係

　呼びかけ語，親族指示語，敬語など，ある種の言語現象は，その言語社会の構造を理解しなければ記述・説明することはできな

い。人類学・民族誌学・社会学などの研究者は社会構造のモデルを提唱する際に，当該社会の言語的特徴をその根拠とすることが多々ある。また一方，言語研究者は言語の構造を記述・説明する際にそれらのモデルを借用することが多い。つまり，社会の研究と言語の研究は相互依存の関係にあり，日本語は，その意味で，最も広範に研究されている言語の一つだと言えるだろう。

　一般に，社会・文化モデルというのは，たとえば，戦後の進駐軍による日本統治，60年代における日本の急激な経済成長の理解，80年代の日米貿易不均衡の是正といった例に見られるように，通常，一定の目的を持って構築されるものである。さらに，それらのモデルは，元来，一種のイデオロギーであるため，種々の個別的特性を抽象化の過程で切り捨てていくのもやむを得ないことである。したがって，各モデルの妥当性は，その目的との関係において判断されるべきものであり，言語現象のある一部だけを選択的に使用することは，必ずしも非難されるべきことではない。しかし，それらの社会モデルが当初の目的以外にまで拡大使用されるようになると，言語全体の構造を見ずにその一部だけを取り上げることは，歪められた言語社会像を描き出す危険性をはらむことになる。したがって，このような場合は言語データの慎重な検討が必要となる。

3. 集団モデルと自己の流動性

　日本社会は，集団主義と状況依存性 (contextualism) とによって特徴づけられることが多い。ここでいう集団主義とは，個人主義に相対するもので，自己の意識は個人の中にあるのではなく，集団帰属によって生まれ，集団構成員は，そういう状態を甘受し，

帰属集団の目的には滅私の忠誠心を持ち，したがって，集団内での争いは起こりにくいという考え方である（Yoshino (1992: 19)）。一方，状況依存性とは，自己意識さえ，状況や他者によって規定されるという性質である。

日本人の集団帰属意識の強さを示す一例として，中根 (1967) は，日本人は自己紹介の際，心理学専攻とかエンジニアといった個人の資格ではなく，その人が属する場，すなわち大学とか会社とかの枠を優先すると言う。さらに集団モデルでは，1946年のルース・ベネディクトの『菊と刀』以来，日本は，支配者階級対労働者階級やカースト制といった階級的資格に基づく「ヨコ社会」ではなく，集団間または集団内での庇護者的上役とそれに忠実に従う者との序列意識に基づく「タテ社会」と特徴づけられることが多い（中根 (1967)）。

このタテ社会の基盤をなすのが，日本人の特性とされる「甘え」の心理であるとの指摘もある（土居 (1971)）。甘えとは，「乳児の精神がある程度発達して，母親が自分とは別の存在であることを知覚した後に，その母親を求めること」（土居 (1971: 81)）を言う。この母親への依存性と平行的な関係が成人後も社会集団内で育まれ，部下は子供の役を負い，上司に依存する。一方，上司は親の役で，部下に対しての寛容さを期待される（Yoshino (1992: 18)）というわけである。

集団モデルで欠くことのできないものに，「ウチ」という概念がある。ウチとは自己が帰属する集団的領域であり，その領域外は「ソト」（もしくは「ヨソ」）である。後で見るように，ウチ・ソトに特徴的なのは，その境界が流動的で一定しておらず，状況に応じて変わるという点であり，この二つの対立概念こそが日本語・日本社会を真に理解する鍵となると言う研究者もいる

(Bachnik (1994), Wetzel (1994) など)。可変的なウチ・ソトに対応して、ウチに属する自己の意識も流動性を帯び、状況によって相対的に規定され、絶えず変化すると捉えられることになる（荒木 (1973)）。

このような流動的自己意識をもたらす集団モデルを動機づける根拠として、日本語の特徴である、人称代名詞の欠如、呼びかけ語や親族指示語、授受動詞、敬語等の言語現象が頻繁に利用される。

まず第一に、日本語には西洋語の人称代名詞に対応する語が存在しないと言われる（鈴木 (1973) など）。特に、一人称代名詞の欠如は、西洋語の話者には簡単には理解できない事象である。たとえば、日本語では、大人が子供に話しかける場合、自分のことを「おじさん・おばさん」などと呼び、学校の教師は、自分のことを「先生」と呼ぶというような現象である。西洋語は個の基点としての一人称代名詞なしですますことは考えられず、さらに、主語を省略しがたい英語のような言語から見れば、I を省くことが通常である日本語の話者は、個としての自我意識に欠けるという考え方さえ出てくる（木村 (1972), 荒木 (1973), Lebra (1992) など）。[1]

第二に、親族指示語の使い分けがある。たとえば、自分の母親を指すには、身内や親しい者同士の会話では「お母さん」を使うが、ソトの者に対しては「母」という言葉を使わなければならない。このような使い分けは、父親、祖父母、兄弟、姉妹、その

---

1. 西洋語でも自分を daddy や mommy と呼ぶことはあるが、これは小さい子供相手の場合に限られる。これらと一人称代名詞 I の比較については、Hirose (2000: 1635) を参照。

他，近い親族にも同様に適用される。したがって，人間関係の表現は，ウチ・ソトに応じて状況依存的になる。

　第三に，ウチ・ソトに基づく自己意識の流動性を示す例として，授受動詞の用法がよく挙げられる。日本語では，英語のgiveを「くれる」と「やる・あげる」の二つに区別する。「くれる」は，通例 (1a) のように話し手が受け手の場合に使われ，(1b) の「あの見知らぬ人」のようにソトの者が受け手となる場合は容認されない。しかし，受け手が話し手によってウチの者と見なされる場合は，(1c) のように容認される。

　(1) a.　岡田さんが（わたしに）お金を貸してくれた。
　　　b.＃岡田さんがあの見知らぬ人にお金を貸してくれた。
　　　c.　岡田さんが母にお金を貸してくれた。

この種の現象が生じるのは，ウチの者である母が，いわば，自己の延長であると見なされるからであり，それは，まさに，自己と他者との境界線が流動的だからであると説明される。

　第四に，尊敬語と謙譲語の使い分けにもウチ・ソトに関わる自己の流動性が見られ，この現象は「相対敬語」とも呼ばれる。たとえば，自分の会社の社長について同僚と話す場合は，(2a) のように尊敬語を用い，自分の行動を話す場合は，(2b) のように謙譲語を用いる。しかし，会話の相手が社外の人である場合は，社長（名前を田中とする）について話すときでも，(2c) のように謙譲語を用いなければならない。

　(2) a.　社長は出席なさいます。
　　　b.　わたしは出席いたします。
　　　c.　田中は出席いたします。

これは，ソトの者との会話では話し手はウチを代表すると考えられ，当該人物が上司であろうとも，ウチの者である限りは自己の延長だと見なされるからだと説明される。

このような日本語の特性から，Wetzel (1994) は，日本語における発話の中心はウチという集団的基点であって，印欧語におけるようなIという個の基点ではないと主張する。

4. ウチに同化しない不変の絶対的自己

前節では，日本人の持つ自己の概念は，西洋語話者の自己概念とは異なり，集団的なウチに同化し，状況に応じて変化する相対的な自己であるとする分析を概観した。この節では，日本語の特質として欠くことのできない，情報の「証拠性」(evidentiality) に関する現象（神尾 (1990) などを参照）を記述・説明するためには，ウチに同化しない一定不変の絶対的自己を認めざるを得ず，常に流動する相対的自己とは相容れないことを指摘する。

日本語で感覚・感情などの心理状態を描写する場合，「心理述語」と呼ばれる動詞・形容詞が用いられ，心理述語の主語は，通常，話し手に限られる。したがって，心理述語の使用に際しては，日本語話者は，自己と他者の間の厳密な区別を自覚しなければならない。たとえば (3) の例では，心理述語「うれしい」の主語は話し手であり，話し手以外の心理を描写する場合は，(3c, d) のように，「～がっている・そうだ」のような間接的表現を付け加える必要がある。

(3) a. わたしはうれしい。
  b. #母はうれしい。

c. 母はうれしがっている。
d. 母はうれしそうだ。

　心理述語の主語に関するこの制約は，非常に厳密であり，もし述語が多義であれば，その文はこの制約を満たす形で理解される。たとえば心理述語「悲しい」には，経験者を主語とする解釈と悲しみを引き起こす要因を主語とする解釈があるが，(4b) のように，主語が話し手以外である場合は，聞き手は自動的に後者の解釈（「母はわたしを悲しくさせる」）を取ることになる。

(4) a. わたしは悲しい。
　　b. 母は悲しい。

　また，(5) に見られる願望を表す表現も心理述語に属する。したがって，「〜たい」の主語は話し手でなければならず，第三者の願望を表現する場合は，「〜たがっている」という形にしなければならない。

(5) a. わたしはコーヒーを飲みたい。
　　b. #母はコーヒーを飲みたい。
　　c. 母はコーヒーを飲みたがっている。

　さらに，(6) の「思う」も一種の心理述語であり，これまでの例文と同じく，三人称主語は排除される (Iwasaki (1993)，中右 (1994))。

(6) a. わたしは，母は病気だと思う。
　　b. 母は病気だと思う。
　　c. 母は（自分は／が）病気だと思っている。

(6a) では,「思う」の主語は話し手であり,「病気だ」の主語は話し手の母親であることが明示されている。(6b) では,「わたし」は現れていないが,解釈は (6a) と同じで,「思う」の主語は話し手でなければならない。三人称主語の思考を述べるには, (6c) のように「思っている」という形にしなければならない。

このような制約は,単に日本語の主語選択に関わる言語的な問題ではなく,誰が誰の心理状態を直接的に知ることができるかという,言語外の一般認識に関わる問題である。通常の会話では,話し手は自己以外の他者の心理を直接的に知ることができないので,上記のような認知制約が言語に反映されるわけである。しかし小説のような特殊設定のもとでは,著者は,そこに描かれる世界の全知全能の創造主であり,その意味で, (7) のように三人称主語と心理述語を併用することが可能となる (Kuroda (1973))。

(7) 秋子は,母は病気だと思った。

(3)-(6) の (a) 文と (b) 文の対立から浮かび上がる自己の概念は,決して相対的なものではなく,流動性もない。ウチの代表例である母親であっても,自己と同一視した言語表現は不可能である。これらの例文は,それがいかに原始的で未熟なものであろうと,日本語が強い自己意識を前提にしていることを示すものであり,そのような言語を使用する者が西洋語に見られるのと同様の一定不変の自己概念をもたないと考えることは不可能である。すなわち,相対的自己の概念は日本語の心理述語の文法とは相容れないわけである。

5. 絶対的自己の優位性

　ここまでのところ，第3節では，ウチに同化する相対的自己に関する議論を概観し，第4節ではウチに同化しない絶対的自己の存在を示した。この節では，日本語における絶対的自己の優位性を論じる。

　まず第一に，絶対的自己の意識は言語習得の早期に現れ，自然に獲得されるが，相対的自己の概念獲得はかなり後になるということに注目したい。たとえば，知り合いの小学一年生に「あきちゃんはくるとおもう」という文の意味を尋ねたところ，「くる」のはあきちゃんで，「おもう」のは自分だと容易に答えた。一方，その子供の使用語彙には「お母さん」はあるが，「母」はなかった。つまり，心理述語の文法は自然に身につくのに対し，親族指示語の使い分けは小学校教育の場などで意識的に教えないと身につかないのである。

　第二に，ウチの会話では「社長は出席なさいます」と尊敬語を用い，ソトの者に対しては「田中は出席いたします」と謙譲語を用いるという相対敬語の用法も極めて規範文法的であり，記述言語学の主要部分とは言いがたいところがある。このことは，多くの会社が社内教育の一環として，二十年近く，あるいはそれ以上の期間，日本語を使用してきた社員に敬語の「正しい」使い方を教え込むという事実や，日本のほとんどの書店には敬語の正しい使い方を教える本が必ず並んでいるという現象から推し量ることができる。それに対し，「うれしい」や「思う」などの述語が話し手以外の主語には使えないことを改めて教える必要は全くないという事実は極めて示唆的である。

　第三に，心理述語の制約は日本語一般に当てはまるのに対し，

ウチ・ソトの区別は日本語の方言すべてに共通するわけではない。相対敬語は，平安時代における「宮廷社会の最高部の人々の間で成立した」（西田（1998: 74））ものであり，加藤（1973）が指摘するように，日本の多くの方言には見られない。また授与動詞についても，日高（1997）が調査しているように，「やる」と「くれる」を区別せず，どちらも「くれる」で表す方言が多く存在する。たとえば，富山県の五箇山方言では，共通語で「やる」を用いるところを，「くれる」を用いて次のように言う（日高（1994））。

(8) a. ソンナモン，アノコニ　クレヨ。
    （そんな物，あの子にやれよ。）
   b. コノホン，オマエラチ　キョーダイノウチノ　ダレカニ　クリョー。
    （この本，おまえたち兄弟のうちの誰かにやろう。）

したがって，これらの方言では，相対的自己の概念は授与動詞の用法には関与しない。

　第四に，絶対的自己は，ウチの延長線上に位置づけられるものではなく，しかも，相対的自己より中心的な概念であることを示す言語現象がある。第3節で見たように，補助動詞「くれる」は，ある行為によって話し手が恩恵を受け，それをありがたく思っていることを表すのに使われるが，恩恵の受け手が「母」のようにウチの者と考えられる場合にも使うことができる。それは，三人称であっても，ウチの者であるかぎりは相対的自己に含まれるからだと説明される。しかし，一方で，「思う」のような心理述語は一人称主語としか生じないということを第4節で見た。ここで注目すべきは，次例のように，これら二種類の述語が

共起する場合である。

(9) a. わたしは，岡田さんが家まで送ってくれると思う。
b. #その見知らぬ人は，岡田さんが家まで送ってくれると思う。
c. 母は，岡田さんが家まで送ってくれると思う。

主題の「は」は格関係を明示しないので，(9) では，原理的には主格にも対格にも解釈することができる。実際 (9a) では，「わたし」は「思う」の主語と「送ってくれる」の目的語の両方を兼ねると解釈されるのが普通である。それに対し，(9b) では，「その見知らぬ人」は「思う」の主語にはなれず，また，ウチの者でもないため，恩恵の受け手とも解釈されない。よって，不自然な文となる。問題は (9c) である。この文は (9b) とは異なり，容認可能だが，「母」は恩恵の受け手としてだけに解釈され，「思う」の主語とは解されない。つまり，「母」はウチの者とはされても，心理述語の主語にはなれないということである。このことは，絶対的自己とウチの者との間に紛れもない境界があることを示すものである。しかも，それが心理表現という，人間にとってより基本的な領域に見られることから，絶対的自己は相対的自己より基本的な概念であると言える。

さらに，発話におけるダイクシス（直接的指示体系）においても，絶対的自己は相対的自己より優位に立つ。すでに見たように，例 (9c) では「送ってくれる」の目的語は相対的自己の「母」であり，「思う」の主語は絶対的自己の話し手である。この文に視点の方向性を含意する動詞である「来る」を入れると，(10) になる。

(10) 母は岡田さんが家まで送って来てくれると思う。

議論の都合上，(10) の話し手とその母親は別々の家に住んでいると仮定する。「来る」は移動の着点に視点をおき，それは，通常，話し手のいる場所である。したがって，(10) の「家」は，普通，話し手の家と解釈される。ただし，特別な状況では，その「家」を母親の家と解釈することも可能である。しかし，その場合は，①話し手が母親の家を自分の領域と見なしているか，あるいは，②母親の到着時に話し手がその家にいることが不可欠となる。②の解釈は，次の (11) の場合と平行的である。

(11) ジョンが今晩6時にそこに｛来ます／*行きます｝ので，わたしが先に行って待っています。　　（大江 (1975)）

そして，①あるいは②のいずれでもない場合は，(12) に示すように，「来る」ではなく「行く」が用いられる。

(12) 母は岡田さんが家まで送って行ってくれると思う。

つまり，(10) と (12) で「来る・行く」の選択を直接決定するのは，絶対的自己であって，相対的自己ではない。このような空間方向のダイクシスは，日本語のみならず，言語一般において，話し手の視点の所在を示す最も基本的な言語的指標である (Fillmore (1997))。このことから，絶対的自己のほうが相対的自己よりダイクシスの中心にあるというだけでなく，前者のほうが後者よりも日本語にとってより本質的な概念であると結論づけることができる。

6. 普遍的概念としての自己とその二面性

これまで見てきたように，日本語の心理述語においては，ウチの者が自己と一体化することも，また，自己がウチに同化することもあり得ない。ここに，ウチから区別される自己の独自性があり，そういう自己を絶対的自己と呼んできた。絶対的自己というのは，簡単に言えば，当該言語表現を用いる言語主体としての自己にほかならない。つまり，発話時（より厳密には，中右（1994）のいう「瞬間的現在時」としての発話時）における話し手のことである。この意味で自己という概念を用いるなら，それはあらゆる言語に適用可能な普遍的概念であると考えられる。

このように普遍的に適用できる意味で自己を規定したとしても，依然として，日本語における自己は，英語などの西洋語における自己のように不変の自己とは言えないという議論が起こる。それは，第3節でも述べた，人称代名詞に関わる問題である。つまり，英語のような言語では話し手を指すのに一人称代名詞のIが専用の言葉として存在し，そのために自己の独自性が際立つのに対して，日本語にはそれに直接対応するような言葉がなく，状況に応じて多くの表現を使い分けなければならないため，自己は状況依存的にならざるを得ないというわけである。しかし，このような議論は，話し手という概念を一面的にしか捉えていないために起こる，片寄った——それも西洋語のほうに片寄った——見方であると言えよう。

以下，本章では，話し手という普遍的概念としての自己には，「公的自己」と「私的自己」という二つの面があり，英語のような言語は公的自己を中心に体系づけられているのに対し，日本語は私的自己を中心に体系づけられていることを論じる。

まず公的自己というのは，聞き手と対峙する伝達の主体としての話し手の側面であり，私的自己とは，聞き手の存在を想定しない思考・意識の主体としての話し手の側面である。公的自己・私的自己は，「公的表現・私的表現」という異なる言語表現の主体である。公的表現とは，言語の伝達的機能に対応する言語表現で，一方，私的表現とは，伝達を目的としない，言語の思考表示機能に対応する言語表現である。公的表現と私的表現の根本的な違いは，前者は聞き手の存在を前提とするが，後者は前提としないという点にある。

言語表現の中には，明らかに聞き手の存在を前提とするものがある。そういう表現の典型例として，日本語には，「よ」，「ね」，「わよ」，「ぜ」などの終助詞，[2]「止まれ」などの命令表現，「おい」などの呼びかけ表現，「はい・いいえ」などの応答表現，「です・ます」など丁寧体の助動詞，「(だ)そうだ」などの伝聞表現などがある。これら聞き手志向の表現は，定義上，公的表現としてしか用いられない。聞き手志向表現を含む句や文もまた，聞き手への志向性を持つことになり，公的表現として機能する。一方，聞き手志向表現を含まない句や文は，話し手が他者への伝達を意図して用いないかぎりは私的表現であり，一定の思いを表現したものにすぎない。

公的表現は話し手の伝達態度に関わるものであるのに対し，私的表現は話し手の心的状態に対応する。心的状態は，思考作用を表現する思考動詞にアスペクト標識の「ている」をつけて表され

---

2. ただし，「よ」や「ね」は独り言にも現れる。独り言については，第3章，第5章，第6章を参照。

る。「思う」を始めとする思考動詞は「〜と」という引用部を取り，その部分は思考内容を表す。思考内容のみを表す言語表現のレベルは私的表現でなければならないので，思考動詞は，その引用部に私的表現しか取ることができないという制約を受ける。たとえば，(13) と (14) を比べてみよう (以下，私的表現を〈　〉で，公的表現を [　] で表す)。

(13) a.　春男は，〈雨にちがいない〉と思っている。
　　 b.　春男は，〈雨だろう〉と思っている。
(14) a.　*春男は，[雨だよ] と思っている。
　　 b.　*春男は，[雨です] と思っている。

(13) では，下線部の表現が確信・推量という心的状態を表すので，引用部には私的表現がきており，したがって，文法的である。それに対し (14) では，下線部の聞き手志向表現が引用部全体を公的表現にしているため，非文法的となる。

　一方，「言う」を始めとする発話動詞は思考動詞とは異なり，その引用部に私的表現も公的表現も取ることができる。たとえば，(15) では，公的表現としての発話がそのまま引用されていると考えられる。

(15) a.　春男は夏子に [雨だよ] と言った。
　　 b.　春男は夏子に [雨です] と言った。

(15) の引用部は，春男の夏子に対する伝達態度とともに，雨だという春男の思いも伝えているので，次のように，春男の発言を私的表現で報告することも可能である。

(16)　春男は夏子に〈雨だ〉と言った。

英文法でいう話法の区別から言えば，(15) が直接話法で，(16) が間接話法に当たる。このことから，一般に，直接話法とは公的表現の引用であり，間接話法とは私的表現の引用であると言える (Hirose (1995))。これについてはまた後ほど触れる。

7. 私的自己中心の日本語・公的自己中心の英語

7.1. 日英語における私的自己・公的自己

　ここで私的自己・公的自己に話を戻すと，日本語では，私的自己を表す言葉と公的自己を表す言葉が別々に存在する。私的自己は，「自分」という語で表される。一方，公的自己を指し示す言葉は多様で，「ぼく・わたし」などのいわゆる代名詞類を始めとして，「お父さん」などの親族名称や「先生」などの職業名も用いられる。どの語を用いるかは，発話場面での対聞き手関係により決まる（鈴木 (1973) 参照）。このことが，まさに，集団モデルで言う自己の状況依存性という考え方につながるのだが，これは，話し手の公的自己としての面しか考慮しない議論であると言えよう。話し手には私的自己というもう一つの面があり，日本語では，それを「自分」という一定不変の概念で表すということが，日本語の本質を考えるうえで極めて重要な点である。

　「自分」が私的自己を表す私的表現で，「ぼく・わたし」などが公的自己を表す公的表現であるというのは，次の例に見られる容認可能性の違いから示される。

　(17)　自分は天才だという意識
　(18) #{ぼく／わたし}は天才だという意識

(17) は，それ自体で自己完結的な表現であり，「自分」は当該意

識の主体，つまり，私的自己を指す。それに対し，(18)は，適切な文脈がないと奇妙に感じられる表現である。これはどうしてかというと，「ぼく・わたし」は伝達の主体としての公的自己を表す公的表現であり，したがって，意識の内的な（私的な）描写には現れないからだと考えられる。(18)が容認されるのは，次に示すように，話し手が意識した内容を他者に伝えるという伝達的な状況で用いられる場合のみである。

(19) ｛ぼく／わたし｝が，｛ぼく／わたし｝は天才だという意識を持ったのは，ちょうどその時でした。

この文で二番目の「ぼく・わたし」による記述が可能なのは，問題となる意識を他者に伝えようとする伝達主体がその意識の外側に存在するため，その伝達主体としての公的自己に「ぼく・わたし」が結びつくからである。ところが(18)のように，しかるべき文脈が与えられていない場合は，「ぼく・わたし」が結びつくべき公的自己が想定できないので，奇妙に感じられるわけである。一方(17)が容認されるのは，「自分」が表す私的自己が当該意識内に想定でき，その私的自己が意識内容を意識していると，自己完結的に解釈することができるからである。このように，(17)と(18)の対立例は，「自分」は私的自己を表し，「ぼく・わたし」などは公的自己を表すという捉え方を裏付けるものである。

さらに関連して，次のような文における「ぼく」の解釈が二とおりにあいまいである点についても述べておきたい。

(20) 秋男は，ぼくは泳げないと言っている。

一つは，「ぼく」が秋男を指す解釈で，この場合は，英語の直接

話法に相当する。もう一つは「ぼく」が伝達者，つまり文全体の話し手を指す解釈で，この場合は間接話法である。第6節で見た，私的表現・公的表現に基づく話法の分析では，この解釈上の違いは，引用部全体が公的表現なのか，それとも引用部の一部である「ぼく」だけが公的表現なのかの違いによる。したがって，(20)の引用部には次のような二とおりの表示を与えることができる。

(21) a.　秋男は，[ぼくは泳げない]と言っている。
　　　b.　秋男は，〈[ぼく]は泳げない〉と言っている。

(21a)では，引用部全体が公的表現であり，その主体は秋男であるから，公的自己を表す「ぼく」は秋男に結びつけられる。それに対し，引用部が私的表現である(21b)では，秋男は私的表現の主体なので，公的自己の「ぼく」は秋男には結びつけられず，その結果，伝達者に結びつけられることになる。

　例(20)とは対照的に，思考動詞が用いられている次の文では，「ぼく」はあいまいではなく，伝達者を指す解釈だけが可能である。

(22)　秋男は，ぼくは泳げないと信じている。

思考動詞は発話動詞と異なり，引用部に私的表現しかとることができないので，(22)に許される解釈は次に示すものだけしかないということになる。

(23)　秋男は，〈[ぼく]は泳げない〉と信じている。

ここで公的表現の「ぼく」は，(21b)の場合と同じ理由により，伝達者に結びつけられる。もし引用部を秋男自身が泳げないとい

うことを伝える内容にするのなら，(24) のように，私的自己を表す「自分」を用いなければならない．

(24) 秋男は，〈自分は泳げない〉と信じている．

ここで「自分」は，必ず秋男を指し，それ以外の人を指す解釈はない．これは，(24) における私的表現の主体が秋男なので，私的自己を表す「自分」は秋男に結びつかなければならないからである．

言語学者によっては，(24) のような間接話法の引用部中に現れる「自分」を話者指示詞的 (logophoric) な用法と呼び，たとえば，「発話，思考，意識等を表わす動詞に従属する節の中で用いられる『自分』は，その発話，思考，意識の発話者，経験者を指す機能を持つ」(久野 (1978: 213)) と特徴づける．このような話者指示詞的特徴は，「自分」という語が，本来，公的自己から区別される私的自己を表す特別の言葉であるということから自然に導かれるものである．[3]

ここで注目すべきは，「自分」という固有の言葉があることによって，日本語では，話し手が誰であってもその私的自己は「自分」で表すことができるという点である．したがって，(25) に例示するように，「自分」はいかなる人（人称）に対しても一定不

---

3. 「自分」には，私的自己を表す用法以外に，「冬子は自分が愛した男に裏切られた」のような例に見られる視点的用法や「冬子は自分を責めた」のような例に見られる再帰的用法がある．関西方言に特徴的な，聞き手を指す「自分」（「自分 (＝きみ)，どう思う？」）は視点的用法の一種である．ここでは立ち入らないが，廣瀬 (1997) や Hirose (2002) などで論じられているように，これらの用法は私的自己を表す用法からの意味的拡張として捉えられるものである．

変である。

(25) 〔ぼく／きみ／あの人〕は，自分は泳げないと言った。

この事実は，ちょうど英語のIが話し手がいかなる人であっても一定不変に用いられるというのと平行する。ただ異なる点は，日本語の「自分」は私的自己を表すのに対して，英語のIは公的自己を表すということだけである。すでに見たように，日本語では公的自己は「ぼく・わたし」などを始めとして多様な表現で表される。これは，逆説的だが，日本語には公的自己を表す固有の言葉がないために，誰が誰に話しかけているかという要因に基づき，さまざまな言葉を代用しているにすぎないのである。その代わりに，日本語には私的自己を表す固有の言葉として「自分」があるという点が重要なのである。

それに対し，英語には日本語の「自分」に当たるような私的自己を表す固有の言葉はない。そのため，英語は，公的自己のIを中心とした人称代名詞を転用して私的自己を表すという仕組みになっている。たとえば，(26) の直接話法を間接話法に転換しようとすると，公的自己のIを，私的自己を表す言葉に置き換えなければならないが，主語のXが誰を指すかわからない限り，それはできない。

(26) X said, [I can't swim].

英語では，Xに関する情報が与えられて，はじめて私的自己を表現することができる。たとえば，(27a) のようにXがIなら私的自己もI，(27b) のようにXがyouなら私的自己もyou，(27c) のようにXがJohn/Maryなら私的自己はhe/she，というように人称代名詞が私的自己を表すのに用いられるわけであ

る。

(27) a. I said ⟨I can't swim⟩.
　　 b. You said ⟨you can't swim⟩.
　　 c. {John/Mary} said ⟨{he/she} can't swim⟩.

この現象は日本語の (25) とはまさに対照的であり，英語において私的自己を表す語の可変性を示すものである。つまり，英語には，私的自己を表す固有の言葉がないために，当該私的表現が誰のものか，つまり，一人称のものか，二人称のものか，三人称のものかにより，公的自己の I を中心とした人称代名詞が私的自己を表すのに転用される，ということになる。

7.2. 絶対的自己と私的自己・公的自己の関係

　ここで，第 4 節で導入した絶対的自己と，私的自己・公的自己の関係について簡単に説明しておきたい。絶対的自己とは，ウチに同化する相対的自己とは異なり，話し手がその心理状態を直接知ることのできる自己，つまりは，言語主体としての話し手自身にほかならない。私的自己・公的自己とは，絶対的自己の二つの側面である。

　第 4 節でも挙げた次のような例では，絶対的自己は，公的自己を表す「わたし」によって指示されている。

(28)　わたしはうれしい。(= (3a))

一方，(29) のような間接話法は，(28) の文が冬子によって発話された状況を報告するのに用いられる。

(29)　冬子は，自分はうれしいと言った。

(29) では引用節の主語が絶対的自己であり，それは「自分」によって表されている。(29) の「自分」は，「冬子」という三人称の先行詞に照応するものではあるが，心理述語の主語になっているということから，一人称的概念であることが分かる。したがって，この「自分」は三人称代名詞の「彼女」に置き換えることはできない（下付きのiは指示対象が同じであることを示す）。

(30) #冬子iは，彼女iはうれしいと言った。

要するに，絶対的自己は公的自己として現れることもあれば，私的自己として現れることもあるということになる。
　なお，(30) とは異なり，次の文は容認される。

(31) 　彼女は，うれしいと言った。

しかし，この文では，「彼女」は主節動詞「言う」の主語である。引用節内の心理述語の主語は表現されていないが，「うれしい」と感じる人のみが「うれしい」と言えるので，その主語は「彼女」と同一人物だと解釈される。ただし，指示対象は「彼女」と同じ人であっても，心理述語は絶対的自己を要求するので，例 (30) の場合と同様に，三人称の「彼女」を「うれしい」の主語と直接結びつけることはできないのである。上で見たように，間接話法の引用部では絶対的自己は私的自己として現れるので，(31) の引用節主語を顕在化すると，次のように「自分」で表現されなければならない。

(32) 　彼女は，自分はうれしいと言った。

つまり，「彼女」の指示対象を「彼女」と表現すると，他者として概念化するのに対し，「自分」と表現すると，（私的）自己として

7.3. 日英語における自由間接話法

　私的自己と公的自己を言語的にどのように表現するかに関する日英語の違いは、日本語と英語の根本的な性格の違いを反映するものと思われる。日本語には私的自己を表す固有の言葉はあるのに、公的自己を表す固有の言葉がないということは、要するに、日本語は、元来、私的表現行為と密接に結びついた言語であるということになる。つまり、日本語は、本来的に非伝達的な性格を持つ言語だということである（同趣旨の見解は熊倉 (1990) や池上 (2000, 2007) にもある）。しかし、一方で、言語は伝達のためにも用いられなければならないので、日本語としては、逆に、私的表現からは独立した、伝達専用の言葉を豊富に発達させるに至っていると思われる。すなわち、日本語を特徴づけるとされる、さまざまな自称詞や対称詞、敬語表現（とりわけ、丁寧語）、さらには、聞き手に対する発話態度を示すさまざまな終助詞などの公的表現は、むしろ、日本語が本来、非伝達的な性格を持つからこそ、逆に、それを補って伝達性を持たせるために存在していると考えられるわけである。

　したがって、一般に、日本語の文は明示的な公的表現がなければ、聞き手への伝達が意図されていると解釈するのは非常に難しい場合が起こる。たとえば、今日が土曜日であることを会話で人に伝えるとき、日本語の話者は、公的表現を含まない (33) のような文を発することはほとんどないだろう (Matsumoto (1989))。終助詞の「よ」や丁寧体の「です」などを用いて、(34a) や (34b) のように言うのが普通である。

(33)　　今日は土曜日だ。

(34) a.　今日は土曜日だ<u>よ</u>。
　　b.　今日は土曜日<u>です</u>。

(33) のように，公的表現がないと，話し手が自分に言い聞かせているように聞こえる。もちろん，自分に言い聞かせるのと同じような言い方ができるくらい親密な相手なら，(33) を使うことはできるが，そういう状況は極めて限られていると思われる。つまり，日本語では，思いを言語化しただけの文は私的表現と解釈されるのが普通であり，それを他者に伝えるためには，その他者との対人関係を考慮した公的表現を用いることによって，しかるべき伝達性をもたせなければならないということである。

　それに対し，英語の文 (35) は，聞き手が誰であろうとも——先生，同僚，友達，講演での聴衆などを問わず——このままの形で伝達が可能である (Matsumoto (1989))。

(35)　Today is Saturday.

このことは，ちょうど，英語には公的自己を表す固有の言葉としてIがあり，それは聞き手が誰であろうと一定不変であるという事実と平行的である。これは，要するに，英語が本来，公的表現行為と密接に結びついた言語だからであると考えられる。言い換えれば，英語は根本において伝達的な性格を持つ言語だということである。

　だからこそ，英語では，小説などにおいて，伝達行為からは独立した人間心理の内面を描写するのに，自由間接話法（あるいは描出話法）と呼ばれる特別な文体が用いられたりする。具体的な例は後で見るが，自由間接話法の特徴は，簡単に言えば，語順や

this/here/nowのようないわゆる直示的表現などは直接話法のままにしておき，代名詞の人称と動詞の時制だけを間接話法化するところにある。英語のような西洋語でこの文体がいかに特別なものであるかは，それに関する文体論的研究が極めて多いことからも推察できる（たとえば，Banfield (1982), Fludernik (1993)などを参照）。

　ところが，日本語では，自由間接話法などという現象は，そもそも特別に問題となるようなものではない。というのも，日本語は，すでに述べたように，元来，私的な性格を持つ言語なので，心理描写を行うに際しても，聞き手志向の公的表現さえ用いなければ，そのままの形で内的な意識を描出することができるからである。この点を例示するために，自由間接話法に相当する日本語の例とその英訳を比べてみよう。(36)の二例は三浦綾子『塩狩峠』からのもので，下線部は，信夫という主人公の内的な意識を描出している部分である。

(36) a. 信夫は必然という言葉を思った。自分は必然的存在なのか，偶然的存在なのか。
　　　b. 信夫は［聖書の一節を］くり返して二度読んだ。自分ははたして他の人のために命を捨てるほどの愛を持つことができるだろうか。

この二文は，Bill and Sheila Fearnehough 共訳による英語版 *Shiokari Pass* では次のように英訳されており，斜字体の部分が自由間接話法である。

(37) a. Nobuo remembered the word 'necessity'. *Was his existence a matter of necessity or a matter of*

　　　　　chance?
　　b. Nobuo read the passage [of the Bible] through again. *Did he really have enough love for somebody else to throw away his life for them?*

　(36), (37) で「自分」と he (his) は，信夫の私的自己を表すという点では同じだが，その表現が誰に帰されるかという点では異なる。「自分」は私的自己に結びつく私的表現なので，(36) で「自分」という言葉を用いているのは，この小説の語り手ではなく，信夫である。それに対し，英語の (37) での he (his) という言葉遣いは，信夫ではなく，語り手に帰されるものである。しかし，通常の文とは異なり，ここで疑問を発しているのは語り手ではなく，信夫である。つまり，(37) の自由間接話法の部分は信夫自身の内的意識を表現していながら，それに三人称という枠を与えているのは語り手だということになる。これは，英語には信夫の私的自己から見て信夫自身を表す特別の言葉がないため，そこに公的自己としての語り手の視点が介入し，語り手から見て信夫は三人称なので，he (his) で信夫の私的自己に言及するというようになっているわけである。そして，この日英語の違いの起因は，日本語には私的自己を表す固有の言葉があるのに対し，英語にはないということである。

　次に，(36) と (37) における時制について見てみよう。(36a, b) の最初の文が過去形なのは，その部分が語り手の語りの文であり，この小説では，語りは過去時制で行われているからである。この点は，英語版の (37) も同様である。一方，(36) の下線部は現在形（厳密には非過去形）である。これは，その部分が信夫の内的な意識を信夫自身の私的表現で描出しているからであ

り，したがって，その現在時制は，信夫の意識における現在に直接対応し，語り手の語りの時間からは切り離されたものである。つまり，日本語では私的表現中の時制は私的自己に結びつけられるということになる。[4] それに対し，英語版の (37) では，信夫の意識における現在が過去形で表現されている。ここにも，人称代名詞の場合と同様に，公的自己としての語り手による介入がある。つまり英語では，人称代名詞がそうであるように，時制も公的自己に結びつけて解釈される体系になっていると考えられる。(37) の自由間接話法中の時制は，厳密に言えば，「過去における信夫の現在」を表している。「過去における信夫の現在」は，信夫の（過去の）私的自己から見れば現在として捉えられるが，公的自己の語り手から見れば過去として捉えられる。したがって，英語では，信夫の意識における現在は過去形で表現されることになる。

　(36), (37) に関する考察から一般的に言えるのは，日本語では，私的自己の意識は，その意識内で自己完結的に語ることができるということである。これは，7.1節の冒頭で見た，例 (17) の場合と同じである。このことは，要するに，日本語が私的自己中心の言語であるということを示すものである。それに対し，英語の自由間接話法は，人称代名詞と時制の点において，語り手の介在なくして成立し得ない。これは英語が私的自己を中心にした体系ではなく，公的自己を中心にした体系だからである。

---

　4. ここでは，日本語に過去時制と現在時制（あるいは非過去時制）を認める立場に立っているが，いわゆる「タ」形と「ル」形の機能についてはさまざまな捉え方がある。詳細な検討は Hasegawa (1999) を，また英語の時制との比較は和田 (2001) を参照。

8.「裸」の個人と「衣服」としての集団

　前節で論じたように，英語の I に当たるような一定不変の自己を日本語に求めるなら，それは「自分」という概念である。ただし，英語の I は公的自己を指すが，日本語の「自分」は私的自己を指すという違いがある。英語では話し手が誰であってもその公的自己は I で表せるように，日本語では話し手が誰であってもその私的自己は「自分」で表すことができるのである。

　しかし，一方で，日本語は，公的自己を表す固有の言葉は持たない。ところが，英語など西洋語における人称代名詞の体系は公的自己中心の体系であり，それを日本語に当てはめると，自己が他者依存的で可変的なものと映りやすくなる。そして，このことが，集団モデルでいう相対的な自己という考え方を動機づける一つの根拠となっているわけである。集団モデルが考察の対象とする言語現象は，第3節で見たように，言語の伝達機能に関わる公的表現のレベルにおけるものが中心であり，伝達を目的としない私的表現レベルでの現象は見過ごされている。内的な意識に対応する私的表現のレベルを見れば，そこには，「自分」という言葉で表される一定不変の自己が見い出されることになる。

　「自分」が表す私的自己は，いわば，「裸」の自己であり，公的自己を指し示す「ぼく」「わたし」「お父さん・お母さん」「先生」などの表現は，その私的自己に場面に応じて着せ分ける衣服と見なすことができる（この喩えでは，英語の I は，さしずめ，画一的な制服と言えよう）。そうすると，集団モデルで言う日本人における自己の状況依存性とは，「衣服の状況依存性」と捉え直すことができる。つまり，ウチかソトかの区別などに応じて変わるのは，自己そのものではなく，自己がまとう衣服であるというこ

とになる。しかし，このような衣服の状況依存性は，決して，自己意識の欠如を意味するものではない。なぜなら，衣服を脱げば，そこには個としての意識の主体である「自分」があるからである。Reischauer (1950: 143) は，個人としての日本人は，非常に自意識が強いという観察を行っている。これは，日本人は場面に応じて衣服を変えなければならない分，逆に，変わらない自己を意識する傾向が強くなるからではないだろうか。

　ここで注目したいのは，たとえば (38) におけるように，本来，私的自己を表す「自分」が公的表現として用いられ，その結果，公的自己を指し示すことになる場合である。

(38) 　自分は，そのことについては何も知りません。

この文は，丁寧体の「ます」が用いられていることから，聞き手の存在を前提とする公的表現であるが，「自分」を公的に用いると，一種独特な感じがつきまとう。これは，言ってみれば，私的自己の「自分」が何も衣服をまとわずに，裸のまま話し相手の面前にさらけ出されているからである。つまり，普通の会話で公的自己を指して「自分」を用いると，それは，ちょうど裸のまま人前に出るのと同じく異様だと思われるわけである。(38) のような例は，多くの日本人にとって，たとえば，軍隊で上官と話をしている軍人や，運動部・応援団などで先輩と話をしている硬派の男子部員などを連想させるものである。このような状況では，上官や先輩に対して忠誠心を尽くすことが期待されており，したがって，暗黙の前提として，上官・先輩には自分のすべてを包み隠さずにさらけ出し，うそ偽りのないことを示さなければならないということが想定される。だからこそ，(38) のような「自分」は，このような状況と結びつきやすくなると考えられる。それに

対し,日常的な会話では,忠誠心ではなく,丁寧さの原則が重んじられるため,人前では,裸の自分をさらけ出してはいけないということが暗黙の前提となる。それは,ちょうど,人前ではしかるべき衣服を身につけなければ失礼になるというのと同様である。要するに,(38)のような「自分」の公的な用法は,話し相手に対して忠誠心を示す特別な用法であり,それは,私的自己の「自分」が持つ「裸」の個人としての性格をそのまま保持することによって動機づけられているものと言える。この,真の自分を見せるという行為は,実は,敬語使用の領域でも,ある種の方策として使われるものであり,この点については第5章で詳しく論じる。

さらに注意すべきは,次の(39)には,(38)のような異様さは全く感じられないという点である。

(39) 自分は,そのことについては何も知らない。

(38)との違いは,この文では丁寧体の「ます」が用いられていないということである。そうすると,(39)には聞き手志向の表現が含まれないので,文全体が私的表現であり,ある私的自己の内的な意識を描出しているものと解釈される。「自分」が(39)で自然に感じられるのは,まさに,この理由による。[5]

---

5. 森(2008)は,『源氏物語』を資料とし,中古語における私的自己・公的自己の表現を考察している。森によれば,中古語において「自分」に相当する私的自己を表す言葉には,「われ」と「おのれ」の二つがあったとのことである。公的自己は,「まろ」「なにがし」「ここ」などによって表現されるとともに,ここで見た「自分」と同様に,私的自己の「われ」「おのれ」が公的自己に転化される用法が頻出すると指摘されている。

ついでながら、(38) の例に見られるような「自分」の用法をめぐって、以前、興味深い記事が新聞に載ったことがある。[6] 1996年8月14日付の朝日新聞「天声人語」では、このような「自分」が高校の野球部員など若者の間でもよく使われる傾向にあることを指摘し、その上で、この「自分」はもともと軍隊で多用されたものだから気になるという、筆者の感想が述べられている。それに対して、それは正確ではないという投書が60代後半から80代にかけての男性読者から集中した、ということが同年8月19日付の「天声人語」で報告されている。投書の内容は、軍隊での経験によって差異もあるようだが、要するに、「自分」は基本的には陸軍の用語で、海軍では用いられなかったとのことである。しかし、一方で、陸軍の兵隊時代に一度も聞いたことがないという投書もあったそうである。これらの天声人語の記事を考慮すると、(38) のような「自分」の用法が軍隊と結びつくのは、それが実際に軍隊で用いられていたからというよりは、軍隊に対してわれわれが一般に抱くイメージが、上で指摘した「自分」の持つ意味合いと合致するからだ、というほうがことの真相を捉えているように思われる。

9. まとめ

本章では、日本語に反映される日本人の自己の概念が、集団モデルで言うように、ウチという集団に同化する、相対的かつ流動的なものなのかという点について考察した。確かに、親族指示

---

6. これは、長沼圭一氏のご指摘による。

語, 授受動詞, 敬語等の言語現象を見れば, 日本語においてウチ・ソトという対立はしかるべき意味を持つ。しかし, だからといって, 日本人の自己はウチに同化し, 状況に応じて常に変化するとは決して言えないということを明らかにした。まず, 日本語における心理述語の現象を考察することで, ウチに同化しない絶対的な自己の存在を示し, さらに, それとの関係で, 自己対他者の区別がウチ対ソトの区別よりも優位に立つことを論じた。

ウチに同化しない絶対的な自己とは, ことばを用いる言語主体としての自己であり, それは普遍的な概念である。しかし, この普遍的概念としての自己には, 公的自己と私的自己という二面性があり, 日本語における自己の概念を考えるときにはその区別が極めて重要であるということも見た。そして, 英語のような西洋語が公的自己中心の体系であるのに対し, 日本語は本質的には私的自己中心の体系であるということを論じた。集団モデルでは, 社会的な対人関係が関わる公的表現しか考察の対象としていない。本章では, 公的表現の背後にあり, 内的な意識に対応する私的表現を見れば, そこに「自分」という言葉で表される一定不変の自己が見いだされることを明らかにした。

本章で論じたように, 心理述語および私的自己に関する言語現象は日本語の本質に関わる中核的な現象である。しかし, その考察からは, 日本人は集団主義的であるとする見方を支持する論拠は全く得られない。それどころか, そこから浮かび上がる日本人像は, 集団主義とは正反対で, 他者の入り込めない内的な自己意識に基づく, 極めて個人的な存在である。

さらに, このように考えることによって, 日本語には対人関係に応じて使い分けなければならない言語表現が極めて多いのはどうしてか, という問いにも原理的に答えることができる。つま

り，個としての内的な自己意識が強いと，そのために，かえって外的な対人関係には敏感にならざるを得ないからである。そして，この逆説的二面性にこそ，日本人の表現構造の本質があると言える。

第 2 章

代名詞の不使用と自己志向性

1. はじめに

　第1章で見たように，日本人を集団主義的と捉える集団モデルでは，日本語に英語のIに当たる固定した一人称代名詞がなく，聞き手や状況に応じて，「ぼく」「わたし」「おばさん」「お父さん」「先生」などの言葉を使い分けるという事実は，しばしば，日本人の自己意識の流動性を示す証拠とされる。さらに，日本語の特徴として，実際の発話では，Iに相当する一人称表現を省くことが多いということがある。この特徴は，集団モデルでは，日本語話者が個としての自我意識に欠けることを示す証拠であると考えられる（木村 (1972)，荒木 (1973)，Lebra (1992) など)。たとえば，日本人の行動様式が他律と集団の論理によって支配されていると主張した荒木 (1973: 119-120) は次のように言う。

　　他律はすなわち自我の不在につながる。自我の不在は外的，あるいは内的なる誘因によってつねに変化しうる自己を意味している。［中略］この自我の不在をもっとも端的に裏付けているものは，日本語に自己を指示する一人称代名詞が多く存在するという言語的事実である。印欧語にあっては，一人称代名詞は英語のI，ドイツ語のichのように原則としてただひとつであり，文中にあって省略されることがないのに対して，日本語にあってはその性別，年齢，社会的ステイタス，対話の相手，あるいは心の動きなどによってつねに可変的であるばかりでなく，文中にあってもまったく省略されてしまう例の多いのも，日本人の他律性とかかわる自我の不在と，決して無関係ではないと思われるのである。

　第1章では，話し手を公的自己と私的自己に解体することに

よって，自己を指す言葉が一定していないことから自己の流動性を結論づけるという集団モデルの議論の不備を明らかにした。つまり，日本語では公的自己を表す言葉は可変的だが，私的自己は「自分」という一定不変の概念で表されるということ，それに対し，英語では公的自己は一定不変のIで表されるが，私的自己を表す言葉は可変的であるということを示したのである。この日英語の違いは，自己の不変性が公的自己のレベルで確立しているか，私的自己のレベルで確立しているかの違いである。

　では，日本語で一人称代名詞を省くことが多いという特徴は，集団モデルで言うように，日本語話者の自我意識の欠如を示唆するのであろうか。本章はこの問いに答えるものであり，日本語における一人称代名詞の不使用は，自我意識の欠如を示唆するどころか，それとは正反対に，日本語における自己志向性の強さを示すものにほかならないということを主張する。

　そのために，本章では，認知言語学で言う「主体化・客体化」に関する日英語の違いを取り上げる。主体化・客体化というのは，話し手による主観的あるいは客観的な状況把握のことで，特に一人称代名詞の使用・不使用に反映される。第2節では，認知言語学的視点を取り入れた最近の日英語対照研究に基づき，一人称代名詞の不使用に見られる主体化の度合いが，日本語は英語に比べて強いということを指摘する。第3節では，その原因を考察するとともに，日英語における自己と他者の関係について論じる。日本語で代名詞一般が省略可能であることや，一人称が特別扱いされることは，日本語が私的自己中心の言語であることから説明され，さらに，私的自己中心の日本語は，自己を他者より優位に置くという意味で，自己志向性の強い（したがって主体性の強い）言語であるのに対し，公的自己中心の英語は，自己を他

者と等位に置くという意味で，他者志向性の強い（したがって客体性の強い）言語であるということが明らかにされる。第4節では，英語も，自己志向性の強い特別な文脈では日本語と極めて類似した現象を示す例として，いわゆる日記英語の主語省略を取り上げ，考察する。第5節では，逆に，日本語において代名詞を必要以上に使用すると，他者志向性の強い（つまり，他人事的な感じのする）文体になり，日本語らしくなくなることを示す。このことは，裏返せば，日本語における代名詞の不使用が自己志向性の強さと表裏一体であることを意味することになる。

2. 日英語と主体化の度合い

まず，ここでいう主体化 (subjectification) という概念を簡単に説明するために，Langacker (1990) からの次の例を見てみよう。

(1) a. Vanessa is sitting across the table from Veronica.
    （ヴァネッサは，テーブルをはさんでヴェロニカの向こう側に座っている）
  b. Vanessa is sitting across the table from me.
    （ヴァネッサは，テーブルをはさんでわたしの向こう側に座っている）
  c. Vanessa is sitting across the table.
    （ヴァネッサは，テーブルの向こう側に座っている）

(1) の例はすべてヴァネッサがどこに座っているかを述べる文であるが，(1a) は，ヴァネッサの位置を，ヴェロニカを基点にして述べており，その状況に話し手は関与していないので，最も客

観的な描写である。それに対し，(1b, c) では，ヴァネッサを位置づける基点は話し手であり，その意味で話し手は状況に関与している。状況に関与している話し手を (1b) のように from me で言語的に表現すると，me の表す話し手は記述される対象の側に置かれ，その結果，その状況自体も，言語主体としての話し手から離れた客観的な解釈を受ける。そのような状況としてふさわしいのは，ヴァネッサと話し手が一緒に写っている写真などの説明をしている場合である。

　一方，(1c) のように，基点が言語的に明示されていないときは，それは言語主体としての話し手自身に結びつく。この場合，話し手は自らが身を置いている状況を記述していることになり，その意味で主観的な描写である。主体化とは，このような言語主体による主観的な状況把握をいう。

　森 (1998) は，主体化の現象を一人称代名詞の不使用という観点から見直し，一人称代名詞を使用しないことによって，話し手は自らが記述する「事態に没入する」ことになるという考え方を提示する。そして，一人称代名詞の省略が自由にできない英語では主体化は有標の現象であり，「主体化」と呼ぶにふさわしいが，一人称代名詞の不使用が普通である日本語では，主体化はむしろ無標の現象であり，英語で主体化を問題にするなら，日本語では，主体化とは反対の，客観的な状況把握としての「客体化」(objectification) こそ問題としなければならないと考え，次のように一般化する。

(2) a. 英語では，主体を客観的に述べるのが無標であり，主体が事態に没入しているように述べるのは有標。(＝無標から有標への「主体化」)

    b. 日本語では，主体が事態に没入しているのが無標であり，主体を客観的に述べるのは有標。
（＝無標から有標への「客体化」）

(森 (1998: 192))

たとえば，次の例について考えてみよう。

(3) a. ほら，歩いている (でしょ)。歩いている (でしょ)。
   b. ほら，彼が歩いている (でしょ)。歩いている (でしょ)。
   c. ほら，わたしが歩いている (でしょ)。歩いている (でしょ)。

森が指摘するように，病気などで歩けない状態にあった人が歩けるようになったときの発話としては，代名詞を使わない (3a) のような言い方をしなければならない。一方，他者については，「彼」などの代名詞を用いて (3b) のように言うことができる。ところが，一人称について (3c) のように言うと，それはビデオや写真の中で歩いている自分を見ての発言と解釈される。これは，森によれば，一人称代名詞を用いることによって，状況を客観的に把握する客体化が起こるためだと説明される。それに対し，主語の省略が自由にできない英語では，(3a) も (3c) も，I am walking. であり，これは他者に関して，He is walking. というのと同様の記述様式である。これは，要するに，英語では主体を客観的に述べるのが無標だからということになる。

　森 (1998) と同趣旨の議論は，Uehara (1998)，西村 (2000)，池上 (2000, 2007)，坪本 (2002)，本多 (2005) などでも見られる。たとえば，西村 (2000: 148) は，次の例を挙げ，英語では

知覚構文の知覚主体は明示されるが，日本語では表現されないという点に注目する。

(4) a. I (can) see a bus over there.
    b. 向こうにバスが見える。
(5) a. I heard a strange noise somewhere in the house.
    b. 家のどこかで変な物音が聞こえた。
(6) a. I could smell (something) burning.
    b. 何かが焦げるにおいがした。

もちろん，日本語でも，一人称代名詞を使って (7)–(9) のように言うこともできるが，その場合は，西村 (2000: 149) が指摘するように，「他の人にはともかく，このわたしには」というような特別な意味合いが生じる。

(7) わたし(に)は，向こうにバスが見える。
(8) わたし(に)は，家のどこかで変な物音が聞こえた。
(9) わたし(に)は，何かが焦げるにおいがした。

したがって，(4b)–(6b) は，(7)–(9) から「わたし(に)は」が省略された文とは見なすべきでない。そうなると，知覚経験の当事者である話し手を明示しない日本語は，それを明示する英語より主体化の度合いが強いということになる。

　土居 (2000: 162) も，一人称代名詞の不使用に関して，次のような興味深い観察を行っている。

　　私が思うに，それ［精神病理学者の木村敏氏が展開する一人称的自己論（木村 1990）にとって日本語が好都合であること］は日本語では欧米語におけるように一人称の代名詞を

しょっちゅう使わないということと関係がある。たとえば,「これから木村教授のお仕事を取り上げてみようと思います」というとき, 欧米語だったら必ずそこにあるはずの一人称の代名詞が日本語では入らない。これはしかし省いているのではない。その証拠にあえてそこに一人称の代名詞を挿入すると, 文章全体のニュアンスが微妙に変わってしまう。実は言葉としては一人称の代名詞がなくてもこの文章の中には一人称が隠れているのであって, それは「木村教授のお仕事を取り上げる」という話し手の意識の中に存在しているということができる。

この引用中, とりわけ,「話し手の意識の中に」一人称(としての自己)が存在しているという指摘が示唆的である。

3. 日英語における自己と他者の関係

さて, 一人称代名詞の不使用に見られる, 以上のような日本語の特徴には, 次の二つの現象が関与する。一つは, 日本語では, 主語・目的語などの文法項が省略可能であるということである。もう一つは, 一人称, つまり, 自己が特別扱いされるということである。この二つの要因は表裏一体をなすものであり, どちらも, 日本語が私的自己中心の言語であるということから説明できる。

3.1. 日本語における文法項の省略可能性

まず, 主語や目的語などの文法項の省略可能性について考えてみよう。ここでの仮説は, 第1章で論じたように, 英語は公的

自己中心の言語で，伝達性の強い言語であるのに対し，日本語は私的自己中心の言語で，英語に比べると非伝達的な性格が目立つ言語だということである。

　他者への伝達を重視すると，「誰が何をした」という情報を伝えるときに，「誰」や「何」の部分を落とすと，他者がその情報をうまく理解できないおそれがあるため，その部分を明示することが望まれる。そして，英語では，その要求に応える形が無標になっている。なお，イタリア語やスペイン語のような言語では，主語が省かれるとしても，動詞が人称・数の屈折変化を明示するので，それが明示的主語と同等の働きをする。[1]

　一方，他者への伝達を意図しないで，単に意識や思いをことばで表すということだけを考えるなら，「誰が何をした」で「誰」や「何」の部分は，意識主体が分かっている限りは，言語化する必要はない。そして，主体が分かっていること，つまり，前提としていることは言語化しないという形が日本語では無標になっている。

　この点と関連して，池上 (2000, 2007) は，省略が誰にとって復元可能かという点で日英語は異なるとし，英語では「聞き手にとって復元可能」という，「ダイアローグ的談話」に特徴的な原則が働くのに対し，日本語では「話し手にとって復元可能」とい

　1．たとえば，イタリア語の規則動詞 parlare（話す）の直説法現在形は，次のように変化する。

	単　数	複　数
一人称	parl-o	parl-iamo
二人称	parl-i	parl-ate
三人称	parl-a	parl-ano

う,「モノローグ的談話」に特徴的な原則が働くと説明する。これはここでの説明と軌を一にするものである。池上の言う「ダイアローグ的」と「モノローグ的」という対立はコミュニケーションの二つの様式を言うものであるが（池上 (2000: 285, 2007: 276)),それ自体についての詳しい分析はなされていない（本書における「独り言」の分析については,第3章,第5章,第6章を参照）。日本語におけるコミュニケーションが池上の言う「モノローグ的」な様相を帯びることがあるのは,本書の観点から言えば,日本語が公的自己ではなく,私的自己を中心とした言語体系になっているからであると考えられる。

このように見てくると,文法項を省略するか否かに関しては,Horn (1984) の用語で言えば,英語では,「できるだけ言え」(Say as much as you can.) という聞き手基盤 (hearer-based) の原則が優先され,日本語では,「必要以上に言うな」(Say no more than you must.) という話し手基盤 (speaker-based) の原則が優先されると言うことができる。

なお,英語でも,動名詞や to 不定詞の意味上の主語については,文脈から明らかなときは明示されないのが普通であり,このような場合は,「必要以上に言うな」という,話し手基盤の原則が適用される。たとえば,(10a) のような構文では,going to the movie の意味上の主語は prefer の主語 John と同一であり,表現されない。もし,(10b) のように代名詞の his を用いると,それは John 以外の人を表す解釈が優先される。なぜなら,going to the movie の主語が John である場合は,それを明示しない (10a) の形式があるので,その形式を用いないで,あえて (10b) のように言うと,his は John 以外の人を指すに違いな

いと推論される確率が高くなるからである。[2]

(10) a. John would much prefer going to the movie.
（ジョンは，映画に行くほうがいいと思っている）
b. John would much prefer his going to the movie.
（ジョンは，彼が映画に行くほうがいいと思っている）
(Chomsky (1981: 65))

to 不定詞についても，次例から，同様な議論ができる。

(11) a. I want to win.
（勝ちたい）
b. I want him to win.
（彼に勝ってもらいたい）
c. (?) I want me to win.
（（ほかの人ではなく）わたし自身が勝ちたい）
(Horn (1984: 24))

(11a) の構文では，to win の意味上の主語は want の主語である I と同一である。同一でない場合は，(11b) のように，him to win のような形になる。もし，(11c) のように，to win の主語が I と同一であるにもかかわらず，me to win という形にすると，通常の解釈では容認されず，かろうじて可能となる解釈は，me 以外の人と me を対比する解釈である。このような特殊な解釈は，本来，言う必要のない意味上の主語をあえて明示することから導かれる含意であると言える。

---

2. このような現象は，生成文法では，Chomsky (1981) に従い「代名詞回避」(Avoid Pronoun) の原則という名のもとに扱われている。

3.2. 「自分」と「人」対 I と you

　日本語では一人称，つまり自己が特別扱いされるという点についても，日本語が私的自己中心の言語であるということから動機づけられる。

　まず公的自己のほうから考えると，公的自己は，聞き手である他者と対峙する自己であって，その意味で，自己を他者と等位の関係に置くと言える。言語的には，英語の公的自己の I は you を想起し，you は I を想起するというように，両方向的な関係がその基本となっている。Benveniste (1971) によれば，人称代名詞は，発話の場を形成する一人称の I と二人称の you が真の人称 (person) であり，I/you でない三人称は非人称 (non-person) であるという関係を持つ。これを図示すると，次のようになる。

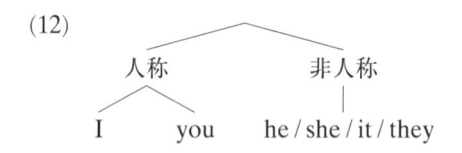

(12)
```
         人称              非人称
        /    \               |
       I     you       he / she / it / they
```

つまり，自己の I と他者の you は対等に位置づけられ，I と you のペアで，発話行為に関わる人称体系（＝一・二人称）を構成するという関係である。

　一方，私的自己は思考・意識の主体であり，それは，他者と関わらない内的な自己意識に基づく個人的な存在である。特に，「自分」という言葉で私的自己を表す日本語では，他者と関わらない個人が「自分」であり，「自分」でないのが他者であるというように，自己が他者より優先され，他者は，むしろ自己に従属するような関係になっていると言える。その証拠に，日本語には，

「自分」を基準にして,「人」を「自分」とそれ以外の「人」に分けるという,次のような概念関係が確立している。

(13)　　　　人₁
　　　　　／＼
　　　　自分　　人₂

ここで,「人₁」は人間一般の意で, (14) の例のように, 総称的に使われるものである。

(14) a.　人はパンのみにて生くるものにあらず。
　　 b.　人はそれぞれいろんな問題を抱えている。

それに対し,「人₂」は「自分」以外の「人」, つまり他人・他者を指し, (15) の例のように「自分」との対比的意味が際立つものである。

(15) a.　人は人, 自分は自分。
　　 b.　人のふんどしで相撲をとる。

また,「人₁」と「人₂」が同時に生ずる例として, 次のようなものがある。

(16)　人₁は年をとるにつれ, 人₂から学ぶことが多くなる。

　図 (13) は,「人」は「自分」と「自分以外の人」からなることを表しているが, これは, まさに, 人の中で「自分」が優先されるということであり, 日本語では自己を他者より優位に置いていると言える。他者としての「人₂」には, 聞き手も第三者も含まれるので, 自己の優位性は, 言語的には,「一人称」対「非一人称」(＝二・三人称) の対立という形で現れる (池上 (2000, 2007) に

も関連する議論がある)。

その典型が, 第1章で見た心理述語の文法である。単に「うれしい」と言えば, 優先される「自分」がうれしいのであって, 自己と同等でない他者の場合は,「うれし<u>そうだ</u>」や「うれし<u>がっている</u>」というように, しかるべき言語形式を付け加えなければならない体系になっている。主語を明示すると, 次のようになる。

(17) {ぼく／わたし}は, うれしい。
(18) a. #あなたは, うれしい。
　　　b. あなたは, うれし{そうだ／がっている}。
(19) a. #彼は, うれしい。
　　　b. 彼は, うれし{そうだ／がっている}。

英語では, このような人称制限はない。

(20)　I am happy.
(21)　You are happy.
(22)　He is happy.

したがって, 英語では, 言語的に自己と他者を等位に置いているということになる。

ここで, もう一度, 図 (13) に戻ると, 人は自分との対比で人を見ることが多いので, 日常的には「人$_1$」の用法より「人$_2$」の用法のほうがはるかに多用される。そのため,「人」という言葉を特定の個人に関して用いると,「人$_2$」のもつ「他者性」が関与してくる。したがって, たとえば, (23) に見るように,「人」は「あなた」や「彼」とは問題なく共起するが,「ぼく／わたし」とは相性が悪い (西田 (2002) にも関連する議論がある)。

(23) a. *{ぼく／わたし}は，正直な人だ。
　　 b. あなたは，正直な人だ。
　　 c. 彼は，正直な人だ。

「人」を「人間」に換えると容認可能性の違いがなくなるので，「人間」には「人」にある他者性がないと言える。その点では，英語の person も同様である。

(24) a. {ぼく／わたし}は，正直な人間だ。
　　 b. あなたは，正直な人間だ。
　　 c. 彼は，正直な人間だ。
(25) a. I am an honest person.
　　 b. You are an honest person.
　　 c. He is an honest person.

なお，最近の若者，特に若い女性の間には，(26)のように，「人」を自分にも使う傾向が見られる。

(26) 　あたしって正直な人だから，ついホントのこと言っちゃうのよね。　　　　　　　　（「おジャ魔女どれみ」41話）

この例でおもしろいのは，「あたし」ではなく，「あたしって」と言うことによって，自分をまず，「人ごと」化している点である。そして人ごと化すれば，「彼」などと同様に，「あたし」も「人」（＝他者）として扱えることになる。図(13)の「人₁」と「人₂」の違いに気づいている日本語話者も多く，「他人事」と書いて「ひとごと」と読ませることも多々ある。

　また，鈴木 (1996) で論じられているように，次のような例に見られる「人」は話し手を指す。

(27) あなた，よくも人をだましたわね！

この場合，(27) の話し手は，(27) の聞き手と本来心理的に近い関係にあると思っていたのに，その聞き手から全くの他者扱いを受け，ないがしろにされたということが含意される。したがって，(27) の「人」は，聞き手による話し手の人ごと化に反応した用法だと言えるだろう。

しかしながら，(26) や (27) のような，人ごと化される場合を除けば，(23) の基本的データから，人一般の中でも，一人称は他者としての「人」から区別される特別な存在であると言える。だからこそ，逆に，人ごと化という操作も意味を持つと考えられるわけである。

それに対し，英語の I と you は一人称・二人称の対立が中和し，you で人一般を表す，いわゆる「総称の you」(generic *you*) と呼ばれる用法がある。

(28) a. You cannot live by bread alone.
((人は) パンだけでは生きられない)
b. The older you get, the more you learn from other people.
((人は) 年をとるにつれ，人から学ぶことが多くなる)

このような場合，you は人一般を表す one と置き換えることができる。

(29) a. One cannot live by bread alone.
b. The older one gets, the more one learns from other people.

しかしながら，Bolinger (1979) によれば，総称の you は，one とは異なり，話し手の視点が聞き手と一体化するという意味合いを持つ（小森 (1992) にも同様の指摘がある）。この点に関連して，ピーターセン (1990: 70-71) は，「英語では，自分の経験から一般論を推定する場合」に総称の you を用いることが非常に多いと指摘し，次のような例を挙げている。

(30) You don't see many handicapped people on the streets of Tokyo.
（東京の街角で障害者を見かけることはあまりない）

(31) You can search the world over and never find a beer to match Kirin Lager for the richness of its flavor.
（世界中探してみても，キリンラガーに並ぶ風味豊かなビールはみあたらない）

たとえば (30) を例に言うと，話し手には (32) のような経験があり，それを you を主体にして一般化しているということである。

(32) When I visited Tokyo, I didn't see many handicapped people on the streets.
（東京を訪れたとき，街角で障害者をあまり見かけなかった）

I と you の一体化は，自己と他者の等位関係を前提とし，さらに，他者である you で自己の経験を一般化できるということは，それだけ他者志向性が強いと言える。日本語の (13) の場合は方向性が逆で，「人$_1$」は「自分」と自分以外の「人$_2$」に分かれるという関係にあり，したがって，自己の優位性が際だつ。

もちろん，日本語にも一人称の「ぼく・わたし」，二人称の「きみ・あなた」，三人称の「彼・彼女」などの代名詞はあるが，だからといって，二人称を総称的に使うことはできない。たとえば，(33)のように言うと，それは，聞き手だけにあてはまる属性でしかない。

(33) 〔きみ／あなた〕は，パンだけでは生きられない。

Kitagawa and Lehrer (1990) によれば，二人称代名詞の総称的用法は，英語だけでなく，印欧系の多くの言語に見られるもので，それらの言語に共通するのは，英語と同じような固定した人称代名詞の体系を持つという特徴である。この特徴は，図 (12) が示す，公的自己を中心とする体系である。

ところが，第1章で論じたように，日本語には公的自己を表す固有の言葉がないために，英語の人称代名詞に直接対応する固定した表現はない。その結果，日本語では，話し手や聞き手に対してどのような言葉を当てるかという方向性が重要となり，問題となる人が発話場面で果たす対人的な役割と結びつくさまざまな表現が用いられる。したがって，「ぼく・わたし」や「きみ・あなた」などの一人称・二人称表現は，常に，発話場面における特定の人間関係を前提とする。

このように考えると，日本語の二人称代名詞が総称的に用いられないのは，「きみ・あなた」などの言葉から，話し手が前提とする特定の人間関係を切り離すことができないから，ということになる。英語の場合は，I と you が特定の人間関係や特定の発話場面を前提としない文法的な人称関係だからこそ，自己の I が他者の you に一体化すると，人一般を表せるという仕組みになっているのだと考えられる。

最後に，もう一つ，日英語における自己と他者の関係の捉え方の違いを示す例として，英語の come と go，日本語の「行く」と「来る」の使い分けに触れておきたい。よく知られているように，日本語では，基本的に，話し手の領域への移動は「来る」で，話し手以外の領域への移動は「行く」である。それに対し，英語では，(34) で示されるように，話し手の領域への移動だけではなく，聞き手の領域への移動も基本的に come であり，go は話し手および聞き手以外の領域への移動を表す。[3]

(34) "Maria, would you *come* here, please?"
　　　（マリアさん，ここに来てくれますか）
　　　"I'm {*coming*/*going}."
　　　（いま，{*来ます／行きます}）

(Swan (2005: 109))

この日英語の違いは，池上 (2000, 2007) や山口 (2002) で指摘されているように，日本語では「一人称」対「非一人称」，英語では「一・二人称」対「非一・二人称」の対立が基準になっていると考えることで説明される。つまり，英語では come/go の使い分けに関して，話し手である自己と聞き手である他者が等位の関係にあるのに対して，日本語では「行く・来る」の使い分けに関して，話し手である自己がそれ以外の他者から差異化されるという特別扱いを受けるのである。

---

3. 聞き手の領域への移動でも go を用いるのが可能な場合もあり (Hasegawa (1993) 参照)，また，日本語で「行く」と「来る」の使い分けが共通語と異なる方言もある（山口 (2002) 参照）。

3.3. 日本語の自己志向性と英語の他者志向性

このように見てくると，日本語は私的自己中心，英語は公的自己中心と言うとき，それぞれの言語体系内における自己と他者の関係は，次のようにまとめることができる。

(35) 私的自己中心の日本語は，自己を他者より優位に置くという意味で，自己志向性の強い（したがって主体性の強い）言語である。一方，公的自己中心の英語は，自己を他者と等位に置くという意味で，他者志向性の強い（したがって客体性の強い）言語である。

このことから，第2節の(2)に示した，森(1998)の一般化で述べられているように，英語では自己を特別扱いする「主体化」の現象が有標的であり，日本語では自己を他者と同等に扱う「客体化」の現象が有標的となるという考え方も動機づけられることになる。

4. 日記英語における空主語と主体化

ここで注目したいのは，英語でも，他者への伝達を意図しない日記などの特殊な文体では，一人称代名詞を用いないことがよくあるという事実である。たとえば，Haegeman (1990) は，日記英語には日常会話では容認されない類の主語省略が起こることを指摘している。ここでは，慣例に従い，言語的に表現されていない主語を「空主語」(null subject) と呼ぶことにする。Haegeman によると，バージニア・ウルフの日記から取った (36) の例では，一人称主語が一貫して省略されているが，(37) に示すように，日常会話ではこのような省略は普通ではないと言う（以

下，丸かっこは空主語を示す)。

(36) A very sensible day yesterday. ( ) Saw no one. ( ) Took the bus to Southwark Bridge. ( ) Walked along Thames Street ...
(きのうはそれなりにとてもいい日だった。だれにも会わず，バスでサザーク・ブリッジまで行き，テムズ・ストリートを歩いた)

(37) A: Did you have a nice time?
(楽しかったですか)
B: *Well, ( ) had a very sensible day yesterday. ( ) Saw no one ...

Haegeman (1990) は，生成統語論の観点から，(36) のような空主語構文を一定の形式的制約に従う有標構文と分析する。ここではその統語的分析の詳細には立ち入らないが，その分析は，日記英語における空主語は文頭に一つしか許されないということを保証しようとするものである。したがって，たとえば，(38a) の文に対して許されるのは，(38b) だけだということになる。

(38) a. I saw no one after I had left the party.
(わたしは，パーティーを出た後，誰にも会わなかった)
b. ( ) Saw no one after I had left the party.
c. *He/I saw no one after ( ) had left the party.
d. *( ) Saw no one after ( ) had left the party.

ところが，実際には，Haegeman の統語的分析では捉えられないようなデータが存在する。ここでは，イギリスの Helen

Fielding による日記小説で，映画化もされ，話題になった *Bridget Jones's Diary* (Picador, 1996) と *Bridget Jones: The Edge of Reason* (Picador, 1999) からデータを採取し，日記英語における省略構文は，英語にとって有標的な主体化の反映であり，したがって，日本語における一人称代名詞の不使用と極めて類似した現象であることを見たい。[4]

まず，日記英語の空主語構文が主体化の反映であることは，空主語の大多数が一人称の I を表現しないものであるという事実に加えて，特に，日記の書き手の感情や感覚が心理述語で表現される場合，一人称主語が省かれることが多いということからも十分に明らかであろう。(39) では主語の I が，(40) では I am が表現されていない例である。(以下，例の出典は，*Bridget Jones's Diary* を BJD，*Bridget Jones: The Edge of Reason* を BJER と略記して示す。イタリックは本書の著者による。)

(39) a. It's so quiet here. ( ) Am *scared*. (BJER)
    (ここはとても静か。こわい)
  b. ( ) Am just so *happy*. (BJER)
    (とてもうれしい)
  c. And ( ) am v. *lonely*. (BJER)
    (それに，非常に淋しい [v. は very の略])

---

4. Haegeman は，その後の論文 Haegeman and Ihsane (1999) で，*Bridget Jones's Diary* における主語省略のデータも取り上げ，それ以前の統語的分析が不十分であることを認めるとともに，一般的に，このような主語省略の現象が提起する，生成文法的説明に対する問題点を論じていることを記しておきたい (和田尚明氏のご教示による)。

d. ( ) Am really *tired*. (BJER)
   (本当に疲れた)
   e. ( ) Feel v. *sad*. (BJER)
   (非常に悲しい)
(40) a. It is far too late for Daniel to ring. ( ) V. *sad* and *traumatized*. (BJD)
   (ダニエルが電話してくるには，ずいぶん遅すぎる。とても悲しくて，心が痛む)
   b. He has not messaged me or anything. ( ) V. *depressed*. (BJD)
   (彼はメッセージとか何もくれない。非常に落ち込む)
   c. ( ) *Glad* he's [Dad's] feeling OK. (BJER)
   (父さんが元気でうれしい)
   d. Ugh. ( ) Completely *exhausted*. (BJD)
   (うわっ。まったく疲れはてた)
   e. ( ) V. *excited* about the dinner party. (BJD)
   (ディナーパーティーのことを思うと，とてもわくわくする)

さらに，発話時における意志を表す will や be going to，決意・義務を表す must も主体性の強い述語なので I が明示されないことが非常に多い ((41)–(43) 参照)。心的状態を表す思考動詞の think, believe, wonder, want, expect や realize, know, understand などの認識動詞，see, hear などの知覚動詞についても同様である ((44)–(46) 参照)。

(41) a. ( ) *Will* just ring Tom then get down to work.

　　　　　(BJD)

　　　　(ちょっとトムに電話してから，仕事にかかろう)

　　b.　Maybe ( ) *will* try to sleep.　(BJER)

　　　　(まあ，寝るようにしよう)

(42) a.　( ) *Am never, ever going to* drink again for the rest of life.　(BJD)

　　　　(もう死ぬまで二度と絶対に飲まない)

　　b.　Right, ( ) *am going to* call Dad.　(BJER)

　　　　(そうだ，父さんに電話しよう)

(43) a.　( ) *Must* make sure Daniel does not find out about any of this.　(BJD)

　　　　(ダニエルがこのことを少しでも気づかないように注意しなくては)

　　b.　( ) *Mustn't, mustn't* be negative.　(BJER)

　　　　(マイナス思考はだめだめ)

(44) a.　( ) *Think* it is all right.　(BJER)

　　　　(大丈夫だと思う)

　　b.　( ) Cannot *believe* this has happened.　(BJD)

　　　　(こんなことが起こるなんて，信じられない)

　　c.　( ) *Wonder* if the post has come yet.　(BJD)

　　　　(郵便，もう来たかな)

　　d.　( ) Really, really do not *want* to drive all way to Grafton Underwood.　(BJER)

　　　　(わざわざグラフトン・アンダーウッドまで車で行きたいとは，どうしても思わない)

　　e.　( ) *Expect* to become known as brilliant cook and hostess.　(BJD)

(すばらしい料理ともてなしで評判になるだろう)

(45) a. ( ) *Realize* it is no longer possible for smokers to live in dignity ... （BJD）
(喫煙者が尊厳をもって生きるなんてことはもはやできないことが分かった)

b. ( ) Do not *know* what to believe in or hold on to any more. （BJD）
(何を信じたり，たよりにしたらいいのか，もう分からない)

c. At last ( ) *understand* the simple difference between home cooking and restaurant food. （BJD）
(家庭料理とレストランの料理の簡単な違いがようやく分かった)

(46) a. ( ) Could *see* her being all gay and tinkly touching his arm. （BJER）
(彼女がすっかり陽気になり，高い声をあげて彼の腕にさわっているのが見えた)

b. ( ) Could *hear* Dad going, 'Leave her alone, Pam,' in the background ... （BJER）
(父さんが背後で「パム，ほっといてあげなさい」と言っているのが聞こえた)

また，Haegeman の分析では，空主語は文頭に一つしか許されないということだったが，空主語への制約は，実際はもっと緩やかであり，興味深い現象を示す。たとえば，(47) は，that 節補部を取る動詞で，主節・補部節とも主語の I が表現されていない例である。

(47) a. ( ) *Think* ( ) would like to move to New York.

(BJD)

(ニューヨークに引っ越したいと思う)

b. ( ) Cannot *believe* ( ) am spending Valentine's Day alone again. (BJER)

(また一人でバレンタインデーを過ごしているなんて信じられない)

c. ( ) *Wish* ( ) was dead. (BJD)

(死んでしまいたい)

d. ( ) *Realize* ( ) was using telly remote control by mistake. (BJD)

(テレビのリモコンの使い方を間違っていたのが分かった)

e. Oooh, ( ) have just *remembered* ( ) am going to be in papers (BJER)

(ああ，新聞に載ることを思い出した)

さらに (48) は，動詞の補部が wh 節, if 節, like 節の例である。

(48) a. ( ) Do not even *know where* ( ) am meeting him. (BJER)

(どこで彼と会うかも分からない)

b. ( ) Will *see if* ( ) can get hair cut in lunch hour.

(BJER)

(お昼の時間に髪をカットしてもらえるか，確かめてみよう)

c. ( ) *Wonder if* ( ) should quickly ring Mark Darcy to tell him where ( ) am going? (BJER)

(マーク・ダーシーにすぐ電話して行き先を伝えておくのがいいかな)

d. ( ) *Feel like* ( ) am going to faint in heat.

(BJER)

(暑さで気絶しそうな感じ)

このような一人称主語の省略は、まさに、日本語の場合と平行的であると考えられる。

そうなると、Haegeman の分析では許されないとされた、副詞節のかかわる (38d) のような例も、それに対応する日本語文「パーティーを出た後、誰にも会わなかった」と同様に、実際にはありうるのではないかと予測される。そして実際、(49) がその例であり、主節と副詞節のどちらにおいても主語 I が表現されていない。

(49) a. ( ) Was just leaving flat for work *when* ( ) noticed there was a pink envelope on the table …

(BJD)

(仕事に行こうとアパートを出ようとしたら、テーブルの上にピンクの封筒があるのに気づいた)

b. ( ) Will call him *when* ( ) get home …　(BJER)

(帰ったら彼に電話しよう)

c. *After* ( ) spoke to Jude ( ) could not face shopping or similar lighthearted things.　(BJD)

(ジュードと話した後は、買い物とかそういう気楽なことをする気になれなかった)

d. *When* ( ) finally got away from scene of mayhem, ( ) drove far too fast on way back to London …

(BJD)

(大混乱の現場からようやく抜け出したら,ロンドンまで猛スピードを出して戻った)

また,(38c)のタイプで,従属節主語のIが表現されず,かつ,主節主語がI以外の場合の例もある。

(50) a. *After* ( ) got depressed on Friday Jude came round and talked to me about being more positive about things ... (BJD)

(金曜日に落ち込んでいたら,ジュードがやってきて,ものごとにもっと積極的になるよう言ってくれた)

b. Phone rang again *before* ( ) had time to call back. (BJER)

(こちらからかけ直す間もなく,また電話が鳴った)

c. *When* ( ) finally arrived at Guildhall, Mark was pacing up and down outside in black tie and big overcoat. (BJER)

(ギルドホールにようやく到着したら,マークが黒ネクタイに大きなオーバーを着て外を行ったり来たりしていた)

d. *After* ( ) had explained it a few more times Charlie suddenly saw the light. (BJER)

(もう二三回説明したら,チャーリーは急に納得したようだ)

このような従属節主語の省略現象も,日本語では極めて普通に見

られるものである。たとえば (50a) に対応する日本語文は，従属節の主語を明示して「わたしが金曜日に落ち込んでいたら」と言うよりは，それを省略して，「金曜日に落ち込んでいたら，ジュードがやってきて，ものごとにもっと積極的になるよう言ってくれた」と言うのが普通である。

さらに，一人称代名詞の省略は，身体部位名詞を修飾する所有格の my にも及び，通常の英語なら my head, my heart などというべきところを，日本語で「頭が痛い」や「気持ちが沈む」などと言うのと同じく，無修飾で現れることがある。

(51) a. Actually *head* hurts quite a lot.　（BJER）
(それにしても，頭がかなり痛い)

b. *Heart* was sinking at thought of being late and hungover ...　（BJD）
(遅刻しておまけに二日酔いなのを思うと，気持ちが沈んでいった)

c. *Hair* is completely mad.　（BJER）
(髪がまったくめちゃくちゃ)

d. *Mind* is full of horrid fantasies about them doing things together.　（BJD）
(彼らが一緒にやっているのを想像する不愉快な空想で，頭がいっぱい)

e. ( ) Thought *head* was going to burst with the racket.　（BJD）
(その騒々しさで頭が破裂するかと思った)

特に (51e) では，主語 I と my の省略が同一文内で生じている。通常の英語なら I thought my head was going to burst ... とす

べきところを I も my も用いないというのは，まさに，それに対応する日本語文「頭が破裂するかと思った」というのと平行的である。

このような my の省略現象から，日記英語における I の不使用は言語形式上の人称性を取り去る効果を持ち得ると言える。その興味深い結果として，次の例に見るように，主語の I が消えると，myself も self として表現されることがある。

(52) a. ( ) Feeling v. pleased with *self*. （BJD）
（自分のことがとても気に入っている）

b. ( ) Must just get on with life and not feel sorry for *self*. （BJD）
（くじけないで生きていかなくては。自分を哀れんではだめ）

c. ( ) Realize ( ) have to learn to love *self* and live in moment … （BJER）
（自分を愛し，今を生きられるようにならなければいけないことが分かった）

d. Though ( ) must remember not to blame others but take responsibility for everything that happens to *self*. （BJER）
（だけど，人を責めるのではなく，自分に起こることはすべて責任を取るのを忘れてはだめ）

e. ( ) Will be able to free *self*'s head of all men issues in Thailand and concentrate on *self*.

（BJER）
（タイでは男の問題は全部忘れて，自分のことに集中

できるだろう)

このような例に見られる self は,日本語の「自分」と同様に形式上は無人称であるが,それを含む文を発する話し手の自己意識と結びつくことによって,それが myself に対応するものであることが分かる。ただし,(52e) の self's head の self は myself の代用ではなく,通常なら free my head of と言うべきところを,人称を吸い上げた結果,my の代わりに self を用いているものであり,英語としてはかなり特殊である。

以上,日記英語における空主語構文について詳しく考察し,特に一人称代名詞の不使用に関して,通常の会話体ならば容認されないような現象が生じることを見た。英語は,本来,公的自己中心で他者志向的な性格を持つが,他者への伝達を意図しない日記のような特別な状況では,自己志向性を持つようになり,自分のことで自分が分かっていることは言語化しないという主体化の傾向が強まり,その結果,日本語と極めて類似した現象を示すことになると考えられる。

日記英語における自己志向性の強さは,とりわけ,例 (50) のように,主節主語が他者で,従属節主語が自己のとき,自己の従属節主語のほうが空になるということから明らかであり,さらに,次の例のように,前文の主語が他者であるにもかかわらず,次文の主語が自己であるとき,その自己が明示されなくてよいということからも分かる。

(53) a. Mark has gone off to his flat to change before work so ( ) can have little cigarette and develop inner growth ...　(BJER)
(マークは仕事前に着替えるためアパートに帰った。

　　　　だから，少しタバコを吸って，心を高めることができる）

b. Jude has gone completely mad. ( ) Just went round to her house to find entire place strewn with bridal magazines, lace swatches, ... （BJER）
　　　　（ジュードは完全におかしくなっている。ちょっと彼女の家に立ち寄ったら，部屋中が結婚情報誌やレースの見本などで散らばっていた）

(53a, b) で第2文の省略された主語は，対応する日本語訳からも分かるように，第1文の主語の Mark や Jude ではなく，I である。このような省略が可能なのは，日記英語では自己が他者より言語的に優位に置かれるからであり，それによって意識の中心にある自己を言語化する必要がないからである。これは，まさに，日本語に見られる特徴と同様である。

　このように見てくると，本来，他者志向性の強い英語においては，日記英語の主語省略は，森（1998）による (2a) の一般化にある「無標から有標への主体化」を示す好例であると言うことができるだろう。

5.　「教科書英語」的日本語における自己と他者の同等性

　英語では，一人称代名詞を使わないと，日記英語のように普通でない文体ができるのに対して，日本語では人称代名詞を画一的に使うと，逆に，普通でない日本語になる。その典型が，いわゆる教科書英語の訳として用いられる日本語である。教科書英語的日本語では，英語の I, you, he/she に対応して「わたし・あな

た・彼／彼女」という人称代名詞が確立しており，特に「わたし」と「あなた」は英語の I, you の関係と同様に，「わたし」が「あなた」を想起し，「あなた」が「わたし」を想起するという両方向的関係にある。したがって，話し手と聞き手は言語的に対等となる。

この教科書英語的日本語をパロディ化したのが清水義範の『永遠のジャック＆ベティ』（講談社文庫，1991）という小説である。この作品では，戦後の英語教科書に登場したジャックとベティが互いに50歳になって再会したとき，教科書英語的日本語でしか話ができないという設定になっている。ジャックとベティは，たとえば，次のように対話する。

(54) 「あなたはジャックですか」
　　「はい。私はジャックです」
　　「あなたはジャック・ジョーンズですか」
　　「はい。私はジャック・ジョーンズです」
　　　こうして，三十数年ぶりに再会した二人は路上で奇妙な会話を始めた。
　　「オー，何という懐かしい出会いでしょう」
　　「私はいくらかの昔の思い出を思い出します」
　　「あなたは一人ですか」
　　「はい。私は一人です」
　　　　　　　　　　（清水義範『永遠のジャック＆ベティ』）

(55)　　ジャックは何か楽しい話題をみつけ出そうとして言った。
　　「私はあなたの二人の姉を覚えています」
　　「私もまた，覚えています」

「年上のほうの姉は，ジェーンでした」
「はい。彼女はジェーンです」
「彼女は教師でした」
「彼女は今でも教師です。一生独身で教師をして，時々人からオールド・ミスと呼ばれてヒステリーを起こします」
「下の姉はエミリーでした。彼女は大学生でした」
「彼女は大学を出てからコンピューター会社で働きました」
「それはよい仕事です」
「しかし，彼女はノイローゼになり，自殺しました」

(同書)

(56)　「今日のような暑い日には，私は家に帰り着くやいなや上着を脱ぐでしょう」
　　　上着を着ていたジャックはそう言った。
　　「あなたは涼しくなるために上着を脱ぐでしょう」
　　「上着を脱ぐやいなや私は涼しくなるでしょう」

(同書)

　このような教科書英語的日本語は，英語の持つ他者志向性を日本語で無理やり表現しようとする，いわば人工的な日本語であり，その大きな特徴は，自己を他者と言語的に等位に置くことによって，自分のことも人のことも同じように客観的に述べるという点にある。もちろん，これは，本来，私的自己中心で自己志向性の強い日本語にとっては極めて有標的な表現である。したがって，教科書英語的日本語は，森 (1998) による (2b) の一般化にある，「無標から有標への客体化」を示す例であると言える。

ちなみに，戦後「ジャック&ベティ」で英語を学んだ世代の多くは，英語そのものよりも，この人工的な日本語の中に，日本語とは異なる「理想的な」別世界，つまり，私情や人間関係のしがらみから解放された，自由な平等世界を（幻想だとしても）感じていたものと思われる。『永遠のジャック&ベティ』の解説で，哲学者の鶴見俊輔は次のように述べている。

> 「ジャックとベティ」は，敗戦後の英語の教科書で，明治につくられた小学唱歌とはかけはなれた気分をもりこんでいる。英語は，大正うまれ，昭和うまれのこどもにとって明治が理想であったように，戦後すぐの時代にとって，アメリカの精神がそれをつたわって日本人の心に入ってくる道すじであって，英語の教科書は，戦後の理想をもりこむテキストだった。それは，天皇の人間宣言以上に，今［1991年］五十代に入った日本人の心の中にしみとおっているだろう。
> （鶴見俊輔「解説」『永遠のジャック&ベティ』, 228-229）

もちろん，教科書英語的日本語自体は，いわゆる文法訳読式教授法を通して，今も脈々と受け継がれているものである。

6. まとめ

本章では，特に，日本語における一人称代名詞の不使用の問題を取り上げ，これが，集団モデルで言うような自我意識の欠如を示すものではなく，それとは正反対に，日本語における自己志向性の強さを示すものであることを明らかにした。日本語における自己志向性の強さは，日本語が私的自己中心の言語であり，自己を他者より優位に置くという特徴を持つことから説明されること

も論じた。それに対し，公的自己中心の英語は，自己を他者と等位に置くという意味で他者志向性の強い言語であるので，通常は，日本語のように一人称代名詞が特別扱いされることはない。しかし，そのような英語でも，自己志向性の強い特別な文脈では，日本語と極めて類似した現象が生じ得ることを，日記英語を例として詳しく見た。このことから，一人称代名詞省略の背後にある仕組みが日本語だけに特有のものでないことが示されたことと思われる。また，逆に，日本語で必要以上に代名詞を使用すると，他者志向性が強くなり，その結果，人ごと的な感じのする文体になることも見た。このことは，日本語における代名詞の不使用が自己志向性の強さと不可分な関係にあることの証であると言える。

第 3 章

日本語における独り言

1. はじめに

　第2章では，日英談話構造の深層における違いを探る試みの一環として，日本語の談話は，英語に比べ，主体化（話者による主観的な状況把握）の度合いが強いという説を裏づけるデータを提示した。これは，第1章で考察した私的自己（他者への関わりを意識しない，思考・意識の主体）と公的自己（他者に関わる社会的な伝達の主体）という，話し手の二つの側面と深い関係にある。つまり，日本語では私的自己中心の表現（たとえば，一人称代名詞の不使用）が自然に感じられるのに対し，英語は公的自己中心の表現が無標であると，特徴づけられるのである。

　しかし，一方では，第1章7.3節で見たとおり，一般に，公的表現を含まない (1) のような発話は，聞き手への伝達・交流力が弱く，独り言のように聞こえてしまう。そのため，今日が土曜日であることを人に伝えようとするときには，終助詞「よ」(2a)や丁寧体「です」(2b) などを用いるのが普通である。

(1) 　　今日は土曜日だ。
(2) a. 　今日は土曜日だよ。
　　 b. 　今日は土曜日です。

要するに，意識内容を言語化しただけの日本文の多くは，社会的交流を目的としない私的表現だと解釈されやすく，その思いを他者に伝えるためには，場合によっては，聞き手との対人関係を考慮した公的表現を用いて，発話に伝達性をもたせる必要が生じるのである。

　この理論を拡大すると，英語は公的自己中心で，本質的に伝達性の強い言語であるのに対し，日本語は私的自己中心で，英語に

比べると，非伝達的性格が目立つ言語だとも言えるだろう。しかし，また，そのような英語でも，自己志向性の強い日記などでは，一人称代名詞省略という，日本語と極めて類似した文体が無標となる（第2章4節参照）。

第2章でも触れたとおり，池上（2000，2007）は，言語省略の可能性を考える場合，英語では聞き手にとって復元可能という「ダイアローグ的談話」原則に基づくのに対し，日本語では話し手にとって復元可能という「モノローグ的談話」原則が働くと捉えている。それでは，モノローグ的談話とは，一体どういう特徴を持つのだろうか。本章では，これまでの議論を踏まえながら，日本語による独り言を調査してみることにする。

ここでは，独り言とは，聞き手の存在を想定せずに，頭に浮かんだ事象を声に出すことと定義する。多くの研究者は，思考も常に対話の形を取ると想定し，独り言も自己との対話だと主張している（Watson (1925), Mead (1934), Peirce (1960), Bakhtin (1984) など）。つまり，独り言の話者は，自分を話し手としての自己と聞き手としての自己に分裂させ，通常の対話形態を反映した言語活動を行うのだと考えるのである。

しかし，もし，仮に，独り言が基本的には対話であったとしても，通常の対話とはかなり異質なものとなることは容易に想像できる。もし，話し手と聞き手が同一人物であれば，対話者間の予備知識や価値観などに何の食い違いもないため，話し手は，聞き手の知識や視点を考慮したり，話題の提示→展開といった通常会話の原則に従う必要は全くない。また，敬語の不在が聞き手を傷つける心配もないだろう。折に，独り言で自分を傷つけてしまうことはあるとしても，敬語使用がそれを緩和するとは思えない。当然，独り言に敬語は使われないはずである。

伝達，コミュニケーションの手段としてのことばは，広く，深く研究・分析されてきているが，伝達を目的としない，思考手段としてのことばの研究は，実際のデータに基づくものは，驚くほど少ない。[1] 例外としては，本章第2節で紹介する，心理学における「プライベートスピーチ（自己中心的ことば）」の研究ぐらいであろう (Kohlberg et al. (1968), Berk and Garvin (1984), Bivens and Berk (1990), Diaz and Berk (1992) など)。

　独り言の分析は，他者との交流を目的とした場合とそうでない場合に，ことばの構造や使用形態がどのように違うかを明確にするばかりではなく，どうしてそのような違いが起こるのかという重大な問題にも手がかりを与えてくれるはずである。そのように貴重な独り言が，言語学において，今まで研究されてこなかったのは，一つに，データ収集の難しさからだと思われる。[2] 人は，普通，他人の前で独り言は言わないので，観察しにくいのである。この問題を回避するため，この章では，実験的に収録した独り言データを分析する。

　この章の構成は，第2節では，プライベートスピーチの研究を概観し，第3節では，われわれの実験データについて説明する。第4節では，終助詞「ね」と「よ」の先行研究をいくつか検討し

　1.　独り言自体の研究ではないが，独り言をデータとして使った論文はかなりの数にのぼる。たとえば，上野 (1972), 黒田 (1979), 陳 (1987), 森山 (1989), Maynard (1991, 1993), 仁田 (1991), Hirose (1995), 宇佐美 (1995), 小野・中川 (1997), 鈴木 (1997), 鷲 (1997), 森山 (1998), Okamoto (1999), 伊豆原 (2003), Shinzato (2004), 今野 (2007) など。
　2.　言語学における例外には，森山 (1997) がある。森山は，聞き手なしでも成立する文と，聞き手なしでは成立しない文の文法論上の違いに注目し，思考の展開のない，自明な情報は，独り言にはならないと説明している。

た後，実験データに現れる「ね」と「よ」の分析を試みる。第5節では，これらの終助詞の対話における機能と独り言における機能が同一のものなのか，別個のものなのかという問題を検討するため，幼児の終助詞習得を考察する。独り言には，「ね」は頻発するが，「よ」はほとんど現れない。第7節では，認知科学の視点から，どうしてこのような違いが起こるのかを論じることにする。

2. プライベートスピーチ

独り言の科学的研究は，ピアジェ（Piaget (1923/2002)）が創始者だとされている。ピアジェは，3-5歳児が，まるで声を出して考えているかのように，自分自身に向けてしゃべっているのを観察し，この現象を「自己中心的ことば」(egocentric speech) と呼んだ。自己中心的ことばは，他者と話しているときにも聞き手の観点に立とうとはしない，幼児の思考的未熟さが要因だとされ，まわりの者にはほとんど理解できない。しかし，幼児は，自分の言うことを相手が聞いているかどうかには興味がなく，答えを期待することもない。自閉的な言語活動なのである。ピアジェは，自己中心的ことばの頻度と社交能力の向上の間に負の相関関係があることを発見し，子供の思考能力の発達につれて，自己中心的ことばは消滅していくと解釈した。

一方，ヴィゴツキー（Vygotsky (1934/1986)）は，同じ現象を全く違った角度から説明する。彼の理論では，ことばは常に社会的行為であり，子供のことばの発達は，ピアジェの提唱する自己中心的，自閉的ことばから社交的，伝達的ことばへ向かうのではなく，反対に，社交，伝達的ことばから，もはや声を伴わない

「内言」，つまり「黙考」の領域へ移ると考えるべきだとする。ヴィゴツキーは，幼児の自己中心的ことばが，決して自閉的なものではなく，社会的な行為であるという証拠に，幼児を聾唖や外国語を母語とする子供たちのグループに入れると，独り言の量が著しく減少するという事例を挙げている（Vygotsky (1986: 233–234)）。

そして，やがて，未分化の幼児の自己中心的ことばは，「自分のためのことば」と「他人のためのことば」に分化し，もともと，人との交流のために習得されたことばは，自覚や思考という高度な知的活動にも運用されるようになる（Vygotsky (1986: 261)）。今日では，ピアジェの理論よりも，ヴィゴツキーの理論のほうが広く受け入れられており，この独り言現象は「プライベートスピーチ」と呼ばれている。

このように，ヴィゴツキー理論では，プライベートスピーチは，幼児がいまだに声を出さずに考えることができないために起こる現象で，ことばが真の内言になる過程で過渡的形式として発生するものなのである。そして，学齢期に内言が定着すると，その結果として，プライベートスピーチは消滅することになる。

プライベートスピーチは，活動の自覚化や知的適応を助ける機能を持つ。したがって，幼児の行動に何らかの障害が生じると，プライベートスピーチの量は激増する。また，初期の段階では，プライベートスピーチは，行為の後にその行為への反省やコメントとして現れるが，次第に行為中に移動し，最終段階では，行為の前に，自己への手引きとして発せられるようになる。たとえば，ある子供が絵を描いているときに青鉛筆がないのに気づく。子供は，この事態を理解し，どう対処するかを考えながら，「鉛筆どこ？　青鉛筆がないよ。ま，いいか。赤で描いて，後で濡ら

せば，濃くなって，青みたいに見えるよね」(Where's the pencil? I need a blue pencil. Never mind, I'll draw with the red one and wet it with water; it will become dark and look like blue.) と言った (pp. 29-30)。これは，上記のプライベートスピーチの最終段階の例である。

プライベートスピーチの構造的特徴としては，ヴィゴツキーは，プライベートスピーチが内言に近づくにつれ，省略や短絡化が進むとしている。彼の理論では，社会的ことばでは，文の構成要素の多くは明言されるが，内言では，話し手はすでに主語は分かっているため，述語のみになると推測する。言い換えれば，プライベートスピーチの構造は，初期の段階では社会的なことばに近いが，次第に内言の文法に沿うよう再構成されることになる。

この説は，確かに，理論的で分かりやすいが，実験的には証明されていない (Berk (1992))。たとえば，Feigenbaum (1992) によると，4-8歳児のプライベートスピーチは，彼らの社会的ことばよりも省略が多く，断片化されてはいるが，歳を経るにしたがって，ますますその傾向が強まるということは認められない。むしろ，彼らのプライベートスピーチは，歳とともに，長く複雑になっていく。

上記のとおり，ヴィゴツキーは，プライベートスピーチは内言が定着する学齢期に急激に消滅するとしている。確かに，児童が独り言を，他人に話すようにではなく，自分にささやき始める小学校3年生ごろにその量は著しく減少する (Beaudichon (1973))。また一方で，プライベートスピーチの頻度の高さは，小学1年生ぐらいまでは，多くの場合，思考や活動能力の高さと相関性があるが，3年生になると，逆に，成績の低さとの相関性が高まる (Bivens and Berk (1990))。つまり，プライベート

スピーチの使用は，初期には児童の活動に有意義に働くが，歳を経るに従い，活動の障害となっていくと考えられる (Kronk (1994))。

　また，子供の年齢とともにプライベートスピーチが目立たなくなるのは事実であるが，これは，必ずしも，ヴィゴツキーが憶測するように，児童が内言能力を得て，独り言を言わなくなるという証明にはならない。私たちの社会では，独り言を言っているところを人に聞かれると非常にきまり悪く感じるように，通常，独り言は好ましくない行為だと思われている。高齢者の独り言が，もはや社会に適応していけない老化現象の一部だと考えられてしまうのがその一例である (Fry (1992))。子供たちは，この，社会のタブーに気づき，他人の前では独り言を言わなくなるが，実際には，人は生涯独り言を言い続けるのである (John-Steiner (1992))。

3. 独り言調査

3.1. データ収集

　この調査では，20代から40代の男性8名，20代から50代の女性16名，計24名の日本語母語話者から独り言のデータを収集した。このうち，16名は東京方言話者，2名は京都方言，残りは，札幌，三重，岡山，香川，福岡，長崎方言話者が1名ずつとなった。

　被験者には，各自，個室で10-15分間独り言を言ってもらい，それを録音した。その際，架空の人物に話しかけるのではなく，頭に浮かんだことをそのまま声に出すよう依頼した。その他には制約はなく，被験者は部屋の中を歩き回ったり，書棚にある本を

手に取ったりすることは自由だった。

その結果，3,042の発話標本が収集された。その多くは，断片文で，発話の切れ目は統語的考察，間（ポーズ），イントネーションを基準に決定した。

被験者は，全員，録音されていることは承知していたので，当然，収集されたデータは純粋な独り言とは性質を異にするのではないかという疑問が起こる。しかし，この実験でわれわれが求めたのは，話し手とは別個の聞き手を言語行動から消し去ることであるので，その意味では，人工的に収集されたデータも自然発生的なデータも，基本的な差はないと思われる。

録音されているという事実が独り言の内容に影響を及ぼすことは否めないが，ほとんどの被験者は，個人的な問題を含めて，驚くほど率直に思いを語ってくれた。この点，一般的には，若い被験者のほうが年配の被験者より自己抑制が少なかったと言える。録音は，ほとんど，カリフォルニア大学バークレー校の長谷川の研究室で行われたのだが，被験者は部屋の中にあるものに対し，かなり自由な意見を述べている。(3)にその例を挙げておこう。

(3) a. ［書棚にある俳句の本を見て］
うわあ，俳句とか。ああいうのやだ。

b. ［壁の書の掛け軸を見て］
なんか，中国臭いんだよね，こういう壁に掛けてある。うち，何にもなかったからなあ，書道みたいなの。おれも書道は嫌いだし。

c. ［長谷川のデルのラップトップを見て］
でも，やっぱり，デザインはマックのほうがずっと

いいよねえ。デルも悪くないんだけど，やっぱり，なんか，ジェネリックって感じがするよねえ。あと，安く作ってるから，部品が安いしねえ。

次の第4節では，こうして収集した独り言標本に現れる終助詞「ね」と「よ」を考察するが，終助詞は，発話行為やモダリティを反映し，話しことばとしての日本語には欠くことができない要素であるため，時枝 (1951)，佐治 (1957) らを先駆けに，半世紀以上に渡って徹底的に研究されてきた。しかし，それらの先行研究のほとんどは，「ね」と「よ」は聞き手が存在する対話においてのみ起こると仮定しており，その基本機能は，常に，伝達やコミュニケーションの観点から説明されてきた。実際，「ね」と「よ」が独り言にも出現するということすら，あまり知られていないのが現状である。

後に詳しく検討するように，「ね」の独り言での頻度は対話での頻度に匹敵して，非常に高い。反面，「よ」も独り言でも起こるが，頻度は極めて低い。第4節では，独り言での特徴を，「ね」は田窪・金水 (Takubo and Kinsui (1997)) の説を援用し，「よ」は井上 (1997) の説を援用して検討することにする。

3.2. 終助詞の頻度と実例

表1は，われわれの独り言データに現れた終助詞の回数をまとめたものだが，3,042の発話中，1,483 (48.8%) は終助詞で終わっている。目的が異なるので，単純に比較するわけにはいかないが，Maynard (1997: 88) の60分の会話データでは，彼女が「対人関係の助詞」(interactional particle) と呼ぶものが，約2.5

文末ごと（全文の約 40.0%）に現れている。[3] われわれは，終助詞の頻度は，独り言でも対話でもほとんど変わらないだろうと推測する。なお，話しことばでは，「なあ」のように，最終母音が引き伸ばされることが多いが，ここでは，母音の長短は分けていない。下降調の「わ↓」は，男女ともに使われるが，平板，または上昇調の「わ↑」は，普通，女性話者のみに使用される。

表1
独り言データにおける終助詞の頻度

被験者	性別	発話総数	な	かな	けな	けかな	よな	ね	かね	けね	よね	か
A	男	76	14	8				7			1	6
B	女	68	7	12				8				4
C	女	122	9	28	2	1		3				6
D	女	161	20	27				26			7	9
E	男	196	19	37			10	49	5	1	57	4
F	女	97	4	11				3				3
G	女	76	15	25								3
H	女	188	8	9	2			50	5		5	9
I	女	175	11	2			3					2
J	女	117	4	17				17				4
K	女	172	2	22	1			3			4	5
L	男	162	31	24			1	10			3	18
M	女	90	6	25	1			6			1	5

---

3. Maynard (1997: 87) は，助詞を文法的なものと話し手の聞き手に対する態度を表すものとに分類する。Maynard の分類では，「か」は前者に含まれている。

被験者	性別		よ	かよ	や	わ↓	わ↑	け	さ	で	の	かしら
N	男	102	4	6				4			1	17
O	女	124	12	13			2	11			2	1
P	女	119	36	25			1	36				13
Q	男	172	34	24			1	34			6	14
R	男	35	1					2			1	1
S	女	127	6	7				5	1		2	14
T	男	105	9	20			4	11	2		17	9
U	男	144	26	31			2	5				12
V	女	145	7	17			3				5	10
W	女	142	2	19				10			2	3
X	女	127	3	16				17			13	4
合計		3,042	290	425	6	1	27	317	13	1	127	176
%			9.5	14.0	0.2	0.0	0.9	10.4	0.4	0.0	4.2	5.8

被験者	よ	かよ	や	わ↓	わ↑	け	さ	で	の	かしら	合計	%
A			2								38	50.0
B						1				2	34	50.0
C						1					50	41.0
D				1						3	93	57.8
E						3					185	94.4
F										2	23	23.7
G											43	56.6
H			3	2		1		1			95	50.5
I			1	11		1		1			32	18.3
J						1		1			44	37.6
K						1		1			39	22.7
L			1			2		1			91	56.2
M						4					48	53.3
N	2	1	1			2		1			39	38.2

O					6	2		1			50	40.3
P					1	1					113	95.0
Q				4			3	4			124	72.1
R											5	14.3
S			1	2						2	40	31.5
T											72	68.6
U	1										77	53.5
V	1		2	3		5					53	36.6
W			1			2			1		40	28.2
X						1			1		55	43.3
合計	4	1	12	20	3	32	6	4	9	9	1,483	
%	0.1	0.0	0.4	0.7	0.1	1.1	0.2	0.1	0.3	0.3	48.8	100.0

以下に各終助詞の使用例を挙げる。

(4) a. 「な」(290 回, 9.5%)
     へえ, パワーアダプター, 結構大きい。こういうのは, ちょっと, やだなあ。
  b. 「かな」(425 回, 14.0%)
     二つ予約しちゃったから, 一つ断らなきゃ。どっちが安いかな。
  c. 「けな」(6 回, 0.2%)
     何だっけ, あれ。クラブ・ツリーってったっけなあ。
  d. 「けかな」(1 回, 0.0%)
     レストランとか言えば, いつか行ったあのレストラン, 何だっけかな。
  e. 「よな」(27 回, 0.9%)
     でもね, 三島とか川端とかは, その, リーダーを選んでて, いいと思うんだよな。

f. 「ね」(317 回, 10.4%)
あそこの図書館大きくてきれいで，いいね。

g. 「かね」(13 回, 0.4%)
よしえはどうしてるかねえ。

h. 「けね」(1 回, 0.0%)
やっぱりデルとかあ，それからゲートウェイとか売れてるよなあ。どうだったっけねえ。

i. 「よね」(127 回, 4.2%)
日曜日，日曜日何かあったような気がするんだよねえ。

j. 「か」(176 回, 5.8%)
あ，プレーンヨーグルト使えばいいのか。

k. 「よ」(4 回, 0.1%)
団子，売れないよ，絶対。

l. 「かよ」(1 回, 0.0%)
間違い電話かよ。

m. 「や」(12 回, 0.4%)
分かんないや。

n. 「わ↓」(20 回, 0.7%)
多分，金・土，閉まってるわ↓。

o. 「わ↑」(3 回, 0.1%)
あ，なんか，ブラインドの隙間から青空が見えるわ↑。

p. 「け」(32 回, 1.1%)
え，まだ32分？ あ，あっちの時計34分か。じゃあ，後6分？ え，いつから始めたっけ。

q. 「さ」(6 回, 0.2%)

日本帰りたくないのかなあ。ま，わたしも帰りたくないけどさ。
r. 「で」(関西方言，4回，0.1%)
学生も半分ぐらいしか来てへんし。あれ，TAさえも来てへんときあるで，あのクラス。
s. 「の」(9回，0.3%)
ええ，こういうのって，不自然じゃないの。
t. 「かしら」(9回，0.3%)
今週は暑くなるのかしら。

　終助詞「な」が独り言に現れることは，広く認められているが（上野 (1972)，陳 (1987)，鷲 (1997)，森山 (1997)，森山 (1998) など），これは，われわれの実験でも十分に確認された。「な，かな，けな，けかな，よな」を合計すると，749回に及び，全発話数の 24.6% に相当する。

　このデータで驚くのは，「ね」の頻度である。それだけで使われたのが 317回（発話総数の 10.4%）で，「かね，けね，よね」と合計すると，458回，全発話の 15.1% が「ね」で終わっている。[4] 先にも述べたとおり，「ね」と「よ」は，常に話し手と聞き手の関係を基に説明されてきたため，聞き手が存在しない独り言にもこれほど頻繁に出現するというのは予想外だった。

---

4. 「かね，よね，けね」を，それぞれ単独の終助詞と捉えるべきか，二つの助詞の組み合わせと考えるべきかは，意見の分かれるところである。たとえば，Saigo (2006: 27) は，助詞の組み合わせだと分析し，「よね」では，「よ」は「ね」の機能領域に含まれるとしている。この問題は，本書では論じないが，ここでは，「よね」は「ね」の変形だと考えておく。その根拠は，この実験のデータに現れた「よね」はすべて，ニュアンスを大幅に変化することなく，「ね」に置き換えられるからである。

4. 終助詞「ね」と「よ」

4.1. 先行研究

一般に,「ね」は,話し手が当該事項に関し,聞き手が自分と同じ情報を持つと想定する場合に,「よ」は違う認知状態にあると想定する場合に使用されると言われている。たとえば,(5) では,話し手が聞き手も同意見だと思うときには「ね」が,そうではないときには「よ」が使われる (Uyeno (1971: 96))。

(5) そんなことは当たり前だね／よ。

「ね」は,情報の確認や同意を求めたり,同意を表現したりする場合にも用いられる。以下は大曽 (1986) からの例である。

(6) A: 今日は金曜日ですね。(確認要求)
    B: ええ,そうです。
(7) A: 今日は金曜日ですね。(同意要求)
    B: そうですね。やっと一週間終わりましたね。(同意表示)

しかし,加藤 (2001: 33-34) の指摘するとおり,この分析では (8) の「ね」や (9) の「よ」は説明できない。

(8) A: 十分じゃないですか。
    B: 私としては,認められませんね。
(9) ［共に雨が降っているのを見ながら］
    よく降るね／よ。

イントネーションに注意を向けると,(9) では,「ね」は上昇調だが,「よ」は下降調でなければ不自然である。そして,この

下降調の「よ」を伴った発話は，独り言に聞こえる。この話題は後で詳しく考察することにしよう。

神尾 (Kamio (1994)) もまた，「ね」と「よ」の使い分けの説明には，聞き手の存在を前提にする。「ね」は (10a) のように，情報が聞き手のなわ張りに，「よ」は (10b) のように，話し手のなわ張りにあるという場合に使用されると言う。[5]

(10) a. 君の妹さん，歌がうまいね。
　　 b. 釧路は寒いよ。[話し手は釧路出身]

神尾は，必須の「ね」と任意の「ね」を区分する。「ね」は，(10a) のように，当該情報が聞き手のなわ張りに属し，話し手は聞き手ほどよく知らない場合か，(11) のように，双方が情報を共有する場合に必須となる。

(11) [共に空を見上げながら]
　　 いい天気だねえ。

一方，任意の「ね」は，(12a) のように，情報が話し手だけのなわ張り内にある場合や，(12b) のように，双方のなわ張り外にある場合に用いられる。神尾は，任意の「ね」の機能はポライトネスや協応的態度の表示だと説明している。

(12) a. ちょっと，郵便局へ行ってきますね。
　　 b. 明日は晴れるでしょうねえ。

---

5. 神尾の理論では，話し手のなわ張りに属する情報とは，自分の経験に関するもの，親しい人や物に関する事実，自分の行動予定，自分がよく知っている場所に関するもの，個人の専門領域などである (Kamio (1994: 77))。神尾の理論は，第4章でも詳しく検討する。

Cook (1990, 1992) は、「ね」の機能は、話の内容への賛同といった狭いものではなく、対話者間の共感・交感 (affective common ground) を確認し、聞き手に協力を希望するという意思を表すと考える。この機能を反映して、「ね」は、得てして、(13) に見られるように、批判的な情報に付帯する。

(13) お食事のときに、ママ、叱りたくないけど<u>ねえ</u>、ひろしのその食べ方には、もう、ママ許せない。

伊豆原 (2003) は、「ね、よ、よね」を比較し、これらはいずれも、発話によって聞き手に話し手と同じ認識を持たせようという機能があるが、いかにその機能を果たすかという点で異なると分析する。「よ」は、話し手の認識を聞き手に伝えることにより、聞き手の認識に変化をもたらそうとするもので、「よね」は、話し手の認識と聞き手の認識が一致することを確認することによって、聞き手との共通認識領域を作り出すものとする。そして、「ね」は、話し手の認識を聞き手の確認なく、当然同じものとして扱い、聞き手を話し手の認識領域に引き込もうとする機能を持つと言う。

また、伊豆原の理論では、これらの終助詞はみな、聞き手の認識のあり方に何らかの要求をすることから、状況によっては、失礼だと受け取られる危険性がある。したがって、目上の者に向かっては、(14) のような場合、これらの終助詞を控えることも多い。

(14) a. 電話ですけど／<u>よ</u>。
   b. 明日、いらっしゃいますか／<u>ね</u>。

片桐 (1995, 2007) は、対話というのは、動的で不確実な情報しか得られない状況下での共同行為であることを強調する。言っ

たことが相手に伝わっていないかもしれないし，伝わったとしても，理解されないかもしれない。そして，もし理解されたとしても，同意されるかどうか分からない。このように頼りない状況でコミュニケーションを成功させるには，参加者が協力して共通の理解を確かめ合う必要がある (Katagiri (2007: 1316))。

「ね」と「よ」は，そのような難しい状況下で，話し手の発話内容の受容に関する情報を提供することによって，対話調整の機能を果たすものと，片桐は捉える。「よ」は当該情報を話し手がすでに自分のものとして受容していることを，「ね」は話し手が情報を必ずしも受容していないことを示すとしている。そして，聞き手は，話し手が情報をどのように把握しているかを考慮し，自分自身の受容態度を決める目当てとするのである。

4.2. 「ね」の分析

当実験データには「ね」が頻発するが，この事実は，これまでに見てきた，話し手が憶測する聞き手との情報共有の有無，対話者間の情報のなわ張り，互いの共感・交感，または話し手が聞き手に与える当該情報処理の手引きといった説では釈明できない。

独り言における「ね」の現象を取り扱える唯一の理論は，田窪・金水の提唱する「談話管理モデル」(Takubo and Kinsui (1997)) だと思われる。彼らも，また，「ね」は対話にのみ出現すると想定しているのだが，それにもかかわらず，このモデルは聞き手の存在や対話者間の情報共有の有無に依存しない。この聞き手依存回避のために，彼らは，話し手の知識と発話形態の間に対話的談話処理のための認知インターフェイスを設ける。[6]

---

6. Slobin (1996: 76) は，思考の一形態として，「話すための思考」

このインターフェイスは,「直接アクセス領域」と「間接アクセス領域」という,二つの心的領域からなり,いずれも,長期記憶にある知識ベースへの指標(インデクス,あるいはポインター)の格納場所として設定されている。直接アクセス領域からリンクされる長期記憶の内容は,対話以前に実際の体験から獲得したもので,間接アクセス領域からリンクされる内容は,言語的・概念的に得た知識だとする。

直接体験から獲得された知識は,情報の量,質ともに豊かで,理論的には,当該項目に関し,限りなく多様な言及が可能である。たとえば,項目が自分の母親であれば,彼女の歳,容姿,健康状態,趣味,能力など,さまざまな角度から述べることができる。それとは対照的に,もし,知識が言語や推測を媒介として間接的に得られたものであれば,その知識は,はなはだ限られたものでしかない。たとえば,「昨日,高校の同級生の美樹さんが電話してきて…」と聞けば,聞き手が得る情報は,美樹という人が話し手の高校の同級生で,その人が昨日話し手に電話してきたというだけのことである。間接アクセス領域は,そのような言語的・概念的情報への指標を格納する。

田窪・金水は,話すためには,直接・間接アクセス領域に集められた指標を登録,検索,推測,コピーするといった操作や制御行為が不可欠だと考える。この仮説は,われわれの独り言実験結果を熟考すると,至極妥当だと思われる。実際,私たちの意識の中に現れる思考(しばしば,心的イメージという擬似的知覚経

(thinking for speaking) を想定する。これは,話すために必要な,言語構造や伝達手続きなどの知識に基づいた思考を指す。この理論は,田窪・金水のいう,話し手の知識と発話間のインターフェイスと共通するところが多い。

験) の出現, 消滅は, 瞬く間に起こり, 多くの場合, ことば無しに思考を監視・制御するのは不可能だ。無声の内言は, 思考の辻褄あわせの助けにはなるが, 内容が複雑になると, 内言の補助だけでは間に合わない。そのような時に, 独り言として, ことばを実際に声に出して使うと, 思考過程の監視・制御能力が著しく高まる。騒がしくて, 気が散る環境で物を数えなければならない場合, 声を出して数えた経験は, 誰にでもあるのではないだろうか。そして, もちろん, その目的では, 書くことによって, 思考を静止させ, 化石化してしまうのに越したことはない。

　独り言は, まるで, つかの間の思考・イメージをことばによって認知という地面に繋ぎ止めてしまうようなものである。そうすれば, 田窪・金水が推測するように, 談話に不可欠な登録, 検索, 推測, コピーといった情報の操作がたやすくなる。思いが瞬時に移ろっていく様を自覚した被験者の一人は, 以下のように述べている。

(15) 　独り言って, 確かにむちゃくちゃだね。自分が見てる。うつむいて考えてる。むちゃくちゃだ。大して独り言と変わんないかもな, 普通に言ってることも。ほんとにむちゃくちゃかも知んないね。うん, むちゃくちゃだ。ああ, 酒が飲みたい。説明的になると, どんなだろう。えーと, うーんと, 電話の横に置いてある壷みたいのは, 非常に徳利に似ていて……徳利？ うん, 何てったっけ。結構忘れるものだね。英語が, 英語が全然駄目なわりに, 日本語が出てこない。えーと, 何だっけ。えーと, あー, 駄目だ。思い出せない。とにかく, 日本酒が飲みたいかもしれない。

田窪・金水のモデルでは，対話初期に，現場から得られる情報（直接経験）と話し手がこれから始まる対話に関与すると想像する，長期記憶に蓄えてある情報が活性化され，それらへの指標が直接アクセス領域に置かれる。そして，各々の対話の目的に合わせて，独自の間接アクセス領域が作成され，直接アクセス領域で活性化された情報が概念的知識に転換されて作業記憶に流し込まれ，その指標が間接アクセス領域に格納される。

　田窪・金水は，「ね」と「よ」は，聞き手のためではなく，話し手自身のための情報処理・監視指令だと言う。したがって，彼らのモデルでは，話し手によって推定された聞き手の知識は考慮されない。もちろん，聞き手が話し手の自己監視指令を察知し，その情報から話し手の心的情報処理過程を憶測したり，それに基づいて自分の次の発話を準備したりするのは自由である。しかし，田窪・金水は，そのような発話媒介行為は，グライスの含意論 (Grice (1975)) のような，語用論的法則に則って計算されたもので，意味論的に「ね」と「よ」にコード化されたものではないと強調する。

　田窪・金水の理論は，「ね」の基本機能は情報の「マッチング（一致）」だと特徴づける。すなわち，ある情報を別のところで検索し，その二つの情報が一致したということを示すのである。二つの情報源は，二人の人物でもいいし，話し手個人の記憶における二つのデータポイントでもいい。たとえば，(16) の会話では，B は，最初に自分の時計を見て，針が「7」を指していることを認める。そして，この時計は正確だと判断し，7時だと告げるのである (Takubo and Kinsui (1997: 752))。

(16)　A：　何時ですか。

B：　（時計を見ながら）
　　　ええと，7時ですね。

　ここで言う，マッチングというアイデアは，聞き手との知識分布に頼らずに，「ね」の有無による微妙な違いをうまく説明している。「ね」がない場合は，Bは単に，今，7時であると言っているだけだが，「ね」が付くと，発話の前に何らかの計算が働いた感じがする。したがって，もし，当該情報が確認を要しない自明な事柄であれば，「ね」の使用は不自然となる。

(17) #私の名前は田中ですね。

　われわれの独り言データに含まれる「ね」のほとんどは，マッチングという機能で説明がつく。と言うのも，「ね」は随所で，以下のような表現と共存するからである：(i)「やっぱ／やっぱり，さすが，意外と，そう言えば，なるほど，実際」などの副詞句，(ii) 経験的指示詞「あれ」,[7] (iii) 仮定節，(iv)「昔の」などの，その他の比較表現。これらの「ね」に付随する表現は，話し手が当該情報を長期記憶に蓄えてある情報と比較したことを表していると言えるだろう。

(18) a.　でも，やっぱ，雑誌って日本の雑誌のほうがいいねえ。
　　　b.　あ，さすが，日本人だねえ。
　　　c.　へえ，なるほどね。
　　　d.　まあ，後，こないだ，そうや，あれはむかついたね。

　7.　一般に，指示詞「あれ」は，話し手が対象物を経験的に知っている場合，「それ」は，伝達等で，概念的に知っている場合に使用されると考えられている。詳しくは，Hasegawa (2007) 参照。

  e. しょうこちゃんに<u>聞いたら</u>，分かるかも知れないね。
  f. これ，<u>懐かしい</u>ね。

しかも，「ね」は，「し，もの，から」に続き，何らかの論拠を示すことも多い。

(19) a. 独り言，もともと，全然，言わないけど。ルームメートもいる<u>しね</u>，部屋に。
  b. 夏休みぐらいだ<u>もんね</u>，そういうことできんの。
  c. あ，そう言えば，バイトしないとなあ。金ない<u>からねえ</u>。

したがって，田窪・金水の，「ね」は，聞き手のためではなく，話し手自身のための監視・制御装置だとの主張は，独り言にもそのまま通用すると言える。

4.3.「よ」の分析

 「ね」の317回に比べると，独り言に出現する「よ」の頻度は極端に低い。この実験では，3,042の発話総数中，「よ」が4回，「かよ」が1回のみである。これに比較して，Maynard (1997: 88) の60分の会話データでは，「ね」は364回，「よ」は128回と，約3対1の割合で出現している。この極端な違いは，何に由来するのだろうか。
 最初に，「よ，かよ」を含む，五つの発話を見てみよう。一人の被験者の録音中に携帯電話が鳴った。電話を切った後，

 (20) 間違い電話かよ。キムって誰だよ。

 次の被験者は，ボストンで行われたジョブフェアーに参加した

ことを思い出している。(この「よ」は,独り言としては,多少不自然に聞こえるが。)

(21) やあ,九千人以上も留学生がいると思わなかった。ボストン行って,初めて知った<u>よ</u>。九千人いんのか,アメリカで。九千人てことは,イギリスとオーストラリアの留学生とか合わせたら,一万いんのかな。

3番目の例は,被験者のグループが催す日本祭りの部屋の飾りつけ,そこで行うゲームなどの催し物,提供する食べ物などについて考えている場面である。

(22) それで,食べ物はとりあえず,並べて売ると。団子売れない<u>よ</u>,絶対。

一瞥したところでは,独り言における「よ」は,話し手が否定的な気分のときに出てくるように見える。(20)の二つの発話は,ともに疑問文だが,伝達されるニュアンスは,修辞疑問のように,話し手のうんざりした気分である。実際に,この仮定に沿って,以下のような,独り言としてごく自然に聞こえる例を作るのは容易である。

(23) a. こんなことやってたら,日が暮れちゃうよ。
　　 b. また,あいつだよ。
　　 c. よく言うよ。

しかし,反例を見つけるのも難しくない。次は,独り言データの5番目の「よ」の使用例であるが,この被験者は,ホテルを二つ予約しており,どちらをキャンセルしようか迷っている。ここでの「よ」は,全く否定的なニュアンスを伴わない。

(24) うん,安いほうがいいわ↓。あ,でも,朝食入ってるんだっけ。入って,入って八千いくらだから,うん,安い<u>よ</u>,そのほうが。

　田窪・金水は,「よ」の機能は,推論のために情報の指標を間接アクセス領域に書き込めという指令だと解釈する。通常,この手続きはすでに確認された,長期記憶にある情報を作業記憶にコピーするという手続きを伴う。対話では,普通,すでに確認されたことを述べるというのは,聞き手に情報を伝達することだと理解される。

(25) 雨が降っているよ。

しかし,(25) は,単に聞き手に情報を伝えているだけではなく,「傘を持って行くほうがいい」とか「ピクニックは中止にすべきだ」といった,聞き手の推論を促している。

　残念なことに,「ね」の場合とは違って,田窪・金水の「よ」の議論には聞き手不在の例がないため,独り言分析にはうまく転用できない。

　一方,井上 (1997) の「よ」の説明は独り言にも役立つ。井上は,上昇調の「よ↑」と上昇を伴わない (平板,または下降の)「よ↓」とに分けて,以下のように分析する。

> 「P よ↓」は,話し手と聞き手をとりまいている状況を「P ということが真になるという,そういう状況である」という線でとらえなおすよう強制することを表す。(p. 63)

たとえば,

(26) a. あの人,まだあんなこと言ってるよ↓。(困ったもん

だ。)
　　b.　男はつらいよ↓。(まあ, しかたがないなあ。)

井上によると, 話し手は, 聞き手に, 現状を (26) が真である状態だと把握しなおして, 括弧内のような結論を導くことを促していることになる。

「Pよ↑」に関しては, 井上は, 単に P が真であることを再確認するだけではなく, (27) に見られるように, そういう状態でどうするかという問題を投げかける機能を果たすとする。

(27)　甲:　井上さんからのファクス届いてますか？
　　　乙:　ええ, 届いてますよ↑。(どうされますか？)

この説は, (28)(=(10b)) をきれいに説明できる。

(28)　釧路は寒いよ。

話し手は, 下降調の「よ↓」では「自分は行きたくない」といった意見を, 上昇調の「よ↑」では「それでも行くの？」といった, 相手に対する疑問をほのめかしている。[8]

　独り言では,「ね」は常に上昇調であるのに対し,「よ」は常に下降調である。この事実は,「よ↑」は聞き手の存在に依存するが,「よ↓」は依存しないという, 井上の説に適っている。

　それでは, われわれの独り言データでは,「よ」の後に, 何らかの推論が行われているだろうか。それとも, そのような推論は内言で起こるか, あるいは, まったく起こっていないのだろう

8.　田窪・金水は,「よ↓」は考察していないが,「よ↑」の説明は, 井上も田窪・金水も基本的には同一だと断定していいだろう。

か。次に，この問題を検討してみよう。

(20) では，疑問文「間違い電話かよ」は，もう一つの疑問文，「キムって誰だよ」と続く。この連続は，推論とは言えないだろう。二番目の文の後では，被験者は，電話については語らず，他の話題に移っている。

(21) では，被験者は，「ボストン行って，初めて知ったよ」と言った後，「九千人いんのか，アメリカで。九千人てことは，イギリスとオーストラリアの留学生とか合わせたら，一万いんのかな」という，明らかな推論行為を続けている。

(22) でも被験者は，「団子売れないよ，絶対」と言った後，以下の推論を下している。

(29) 　て言うか，利益出すには，ま，たこ焼きは売れるとして，団子がかなり売れないとまずい，と。

(24) に関しては，残念なことに，「うん，安いよ，そのほうが」がこの被験者の最終発話であったため，ここで考察している仮説の検証をすることはできなかった。もちろん，当実験の「よ」の発話標本数は非常に少ないため，信憑性のある結論は出せないが，このデータを見る限りでは，「よ」は，話し手自身への推論指令だと考えてもよさそうである。

5. 終助詞の習得

これまでに観察したとおり，「ね」は独り言にも対話にも頻繁に使用される。本書では，独り言における「ね」は，当該情報を他の情報とマッチングさせるという，「話すための思考」の監視・制御のために使用されると解釈する。一方，対話では，「ね」

の基本機能は対話者との友好・協力関係を作り出したり維持したりすることだと思われる（4.1節参照）。それでは，この二つの機能は独立したものなのだろうか。それとも，どちらかが他から派生したものなのだろうか。この問いに答えるため，本節では，幼児の言語習得の過程を考察してみよう。

幼児が最初に習得する終助詞は，「よ，の，ね」であり，この順番で1.5-2歳頃，形態素単位平均発話長がおよそ2のあたりに発現する（大久保 (1967: 84)）。Clancy (1986: 429) は，幼児の「ね」の多くが，母親の発話を部分的に繰り返した後に起こることに注目し，そのような，母子間の発話の繰り返しが，情報共有の原型雛形として働くのだろうと推測する。また，Clancyは，「ね」は要求，謝り，その他の相手が喜びそうにないことを言う場合によく使われるが（例：「ごめんね」），その場合は，親しさを前面に押し出し，望ましくない部分の衝撃を弱める働きがあるとも論述している。

綿巻 (1997) は，もし，「ね」の中心機能が聞き手との共感や話題の共通性を表すものなら，自閉症児はこれらの能力に障害があるので，「ね」を全く使用しないか，使用しても，健常児に比べてその頻度は極めて低いだろうとの仮説を立てた。

自閉症児は，自分や他者の心理状態を推測することによって行動を意味付けたり，予測したりする「心の理論」(theory of mind) を習得できないので，円滑な対話ができないと考えられている。さらに，彼らは，「信じる，考える」などの認識に関する語彙に乏しく，健常児が2.5歳前後にそれらの言葉を使って認知状態に言及し始めるのとは，はっきりした対照を見せる (Tager-Flusberg (1992))。

もう一つの重要な違いは，健常児が生後9ヶ月頃から「ほら」

のような共同注意（joint attention）の要求を始めるのに対し，自閉症児は，そういう要求を全くしないということである。

綿巻は，6歳の自閉症男児（580発話）と5歳精神遅滞男児（530発話）の1時間ずつの発話標本を比較し，表2の結果を得た。[9]（各助詞の機能は綿巻の判定による。）表2の健常児の資料は大久保（1967）からの引用で，被験者の女児が18ヶ月から2歳の期間と，2歳1ヶ月から3歳の期間に採集された。[10]「よ／ばい」のように，二つの助詞が表示されている場合は，後者は，前者の九州方言での変種である。自閉症児と精神遅滞児はともに九州方言話者であるが，自閉症児のほうは，九州方言形は全く使用していない。健常児である大久保の被験者は東京方言話者である。

表2

自閉症，精神遅滞，健常児童の終助詞使用頻度

	自閉症児	精神遅滞児	健常児	健常児
年齢 発話数	6歳 580	5歳 530	1;6-2;0歳 809	2;1-3;0歳 1,932
よ／ばい（親密）	3/0	29/6	65/0	186/0
ね（共感）	0	25	44	292
の／と（中文）	0	2/20	111/0	343/0

---

9. 被験者の自閉症児には精神遅滞はなく，反対に，鉄道時刻表の駅名を正確に記憶しているなど，高機能自閉症児の特徴が見られたと綿巻は報告している。

10. 大久保（1967）のデータは，自分の子供の発話を記録したもので，18ヶ月から2歳の間は毎月15分，2歳1ヶ月から3歳にかけては毎月15-45分録音した。

かな（ほのめかし）	0	20	1	1
な（詠嘆）	0	7	0	6
もん（残念／不満）	0	4	7	23
から／けん（決意）	0	1/3	8/0	54/0
って（引用）	0	2	16	22
ぞ（強調）	0	3	1	1
の／と（質問）	32/0	0	0	0
て（依頼）	6	18	65	113
か／とか（疑問）	3/0	4/3	2/0	21/0
合　　　計	44	147	320	1,062

　表2に見られるように，自閉症児の対人関係の助詞の頻度は非常に低い。特に，「ね」の使用は皆無である。成人話者の発話では，「ね」が一番頻度が高いこと（国立国語研究所（1955: 118））を考慮すると，自閉症児の「ね」の無使用は驚異的だ。

　表2で，もう一つ注目しておきたいのは，健常児の終助詞習得の初期には，「ね」と「よ」は，ほぼ同じ度合いで現れるが，次第に「ね」が「よ」を凌ぐようになるという事実である。Maynard (1997: 88) の成人話者のデータでは，「ね」と「よ」の比率は3：1であったことを思い出していただきたい（4.3節参照）。

　この節を要約すると，幼児は，普通，非常に早い時期に「ね」を習得し，頻繁に使い始める。それに比べて，他者とのコミュニケーションに問題がある自閉症児は，「ね」はなかなか習得できない。これらの事実はヴィゴツキーの，言語は元来，社会的なものとして習得されるという理論（第2節参照）を支持している。「ね」は，初期には社交的，伝達的標識なので，社交，伝達能力の劣る者には習得できないのだ。その後，子供は「ね」のマッチ

ング機能を抽出し、自己の思考の監視・制御に使い始めるのである。この移行が実際にどのように行われるのかは、今後の研究に期待したい。

6. 「ね」と「よ」の頻度差

なぜ、「ね」は独り言にも頻出するのに、「よ」はほとんど現れないのだろうか。もし、独り言での「ね」の機能は情報のマッチングで、「よ」は推論の指令だとの仮説を認めると、この極端な分布差にも納得がいく。この問題を最近の認知科学における、人間の記憶の研究に照らし合わせて考えてみよう。

人間は、生涯学び続ける動物で、意識する、しないにかかわらず、常に周りの環境から新しい知識を得ている。人間が、どのようにして、この絶え間ない情報の流入を処理しているかの理解のため、Atkinson and Shiffrin (1968) は、現在、広く受け入れられている記憶モデルを提唱した。このモデルの最初の部分は、感覚登録機 (sensory register) と呼ばれ、環境からの視覚的、聴覚的刺激をごく短期間（1秒以内）保持する。感覚登録機で選択的に注意が向けられた情報は、次の短期貯蔵庫 (short-term store) へ送られる。ここでの情報維持は、リハーサル（頭の中での復唱）と呼ばれる維持活動なしでは、約30秒が限度だと言われている。記憶の3番目の構成部分は、長期貯蔵庫 (long-term store) と呼ばれ、容量は無限で、永続的な保存が可能となる。

この種の記憶モデルでは、新しい情報が獲得されると、臨時に「作業記憶」(working memory) に保存されると仮定する。[11] そ

---

11. Atkinson and Shiffrin (1968: 83) は、「作業記憶」を以下のように説

の後，一時蓄えられた情報の一部はコード化（体制化・符号化，脳科学の用語で言うと，「固定」(consolidation)）され，長期記憶へ転送される。後に，新しい状況下で，過去に貯蔵された情報が検索（想起）されて作業記憶へ移ると，そこにある新しい情報と融合し，再構成される。

　コード化，貯蔵，検索過程で，人は常に新しい情報と長期記憶にある古い情報に矛盾のないことを確認しているのだが，この仮説を立証するデータには事欠かない。たとえば，Bartlett (1932) の実験では，成人英語話者である被験者は，西洋の民話では考えられないような筋立ての北米先住民の民話を聞き，20時間後にできるだけ詳しく思い出すことを試みた。その結果は，話の部分によっては，省略されたり，実際の話より詳しく説明されたりした。また，中には，自分の世界観と一貫性をもたせようという努力から，オリジナルには全くない情報が足されることもあった。すなわち，話がコード化される過程か検索される過程で，被験者は長期記憶に既存の，馴染みのある民話の筋立てと新しく聞いた民話を比較して，一貫性を確認しているということになる。

　他の例としては，新規概念の学習が既有の知識に基づくという事実がよく知られている。Clement et al. (1989) は，物理を未履修の高校生に (30) のような物理の質問を与え，各々の質問の答えにどのぐらい自信があるかを 0-3 (0＝単なる当てずっぽう，3＝絶対に確か) の数値で答えてもらった。

明している。短期貯蔵庫は，通常，「意識」と同一だと考えてよい。すなわち，その時々に意識される情報や思考は短期貯蔵庫の内容だと言える。また，思考や情報の処理は意識的になされるので，短期貯蔵庫即作業記憶ということになる。

(30) あなたは,マットレスのばねを押して,ベッドに手を沈めます。10センチまで沈めたところで,押すのを止めて,手を静止させます。そのように静止している状態でも,ばねはあなたの手を押し返していますか。
a. はい
b. いいえ

新しいことを学ぶときには,似たことがらをすでに知っており,それを類推(アナロジー)の土台として使えると効果的だ。この調査では,自信度が2以上の正解は,その学生にとっての類推土台例として使えると見なし,最低70%の学生が自信度2以上で正解した場合は,その質問はそのグループの類推土台例に使えると認定された。(なお,問(30)の正答率は93%で自信度も高かった。)次に,調査用に設けられた物理入門のクラスで,新しい概念がグループ類推土台例を使って導入された。この実験では,ほとんどの学生が,新しいアイデアは理に適っていると反応した。つまり,既知の情報に基づいた新概念は学習しやすいということである。

これらの実験結果は,マッチングが,人間にとって,頻繁に行われる記憶の操作であることを裏付けている。したがって,もし,「ね」の基本機能をマッチングだとすれば,独り言に頻出して当然だと言える。それに比べて,われわれが「よ」の基本機能と想定する推論は,非常に複雑な行為である。

推論行為は情報のマッチングを包含しながらも,それを超える行為である。この考えを支持する例としては,Loftus and Palmer (1974) の実験がある。彼女らは,大学生に二台の自動車事故の短いビデオを7本見せ,衝突時のスピードを推測させ

た。質問は、"About how fast were the cars going when they ___ (into) each other?"（車同士が ___ したとき、どれくらいの速さで走っていましたか）という形式で、被験者によって、下線部に *smashed*（激突した）, *collided*（衝突した）, *hit*（ぶつかった）, *bumped*（当たった）、または、*contacted*（接触した）という別の言葉が使われた。結果は、質問に *smashed* が使われた場合に最も速い見積もりが、*contacted* が使われた場合に最も遅い見積もりが出た。この場合、被験者は、最初にビデオで見た事故場面を思い起こしながらも、最終的には、質問に含まれる動詞の意味内容に誘導される形で車のスピードを推測しているのである。

この、被験者の推論行為は、一方で、質問から喚起される情報を記憶にある、ビデオで見た事故場面と照合するという意味では、情報のマッチングを前提としていると言える。しかし、もう一方では、既知の情報との照合だけでは確実ではないので、質問の言葉から喚起される新たな情報を手がかりにして考え、それをもとに事故の状況を捉え直していることになる。

このように見てくると、マッチングの場合は、既知情報との照合だけで済むので、思考の一貫性・連続性が容易に保たれるのに対し、推論の場合は、既知情報との照合だけでは済まず、新たな情報による捉え直しが求められるので、その結果、思考の一貫性・連続性が（一時的にであれ）途切れる恐れが出てくると考えられる。これが、「ね」は独り言に頻繁に現れるが、「よ」はほとんど現れない理由だと言えるのではないだろうか。

7. まとめ

　本章では，実験的に収集した独り言データにおける，終助詞「ね」と「よ」の機能を考察した。どちらも，伝統的には，話し手と聞き手の知識の分布を基に分析されてきた。しかし，これらの終助詞が，話し手とは情報量の異なる聞き手が存在しない独り言にも出現するという事実は，ほとんどの先行分析では説明できない。本章では，独り言では，「ね」は田窪・金水の談話管理モデル，「よ」は井上の分析が有効であることを実証した。

　また，心理学の研究結果を考慮すると，日本語母語話者は，最初にこれらの終助詞を社交的，伝達的手段として習得し，その後自分の内部世界でも使うようになるという推測が妥当に思える。しかし，どのようにこの終助詞の機能が拡大されていくのかは，今後の研究を待たねばならない。

　「ね」は対話と同じように，独り言でも頻発するが，「よ」は対話に比べて極端に使用度が低いという事実からは，人間の思考では，「ね」の指令する作業（すなわち情報のマッチング）は頻繁に行われるが，「よ」の指令する作業（すなわち推論）はそれほど頻繁ではないということになるだろう。

第 4 章

伝聞と情報のなわ張り

1. はじめに

外国人の日本語学習者にとって習得が難しい日本語の特徴の一つに、伝聞表現の使用がある（鎌田 (1988, 2000)、小林 (2003)、杉浦 (2007) など）。伝聞とは、他者から聞いたことを別の聞き手に伝えることで、日本語では、「という（ことだ）」「そうだ」「ようだ」「らしい」「って」などが典型的な伝聞表現である。

鎌田 (1988) は、上級レベルの学習者でも、これらの表現を会話の中で使いこなせない例として、次のようなアメリカ人学習者の発話データを挙げている。

(1) L: いいえ、あのう、(X先生は) 前に旅行したことがあるとおっしゃってました。あのう、細かいことで言うと、{X先生は前に（アメリカに）来たことがありますけど、お仕事できたことがありますけど、その時は5日間ぐらい会議に来るためにいらっしゃいました。}{先生はその時少し旅行をしました。}

(2) D: 初めに、あのう、Lさんが、X先生に、あのう、なぜ日本語を教えてらっしゃいますかと聞いたら、X先生が最初は日本語の先生になるつもりがなかったとおっしゃってました。{最初は大学は国語学の専門として、助詞、日本語の助詞が段々なくなってきたという傾向について論文を書きました。}

これらは、日本語がよくできる上級の学生の発話であり、発話者のLもDも最初の文では、X先生の発言部分は「〜とおっしゃってました」と正しく伝聞形式を用いている。しかし、{ }で囲った部分もX先生からの伝聞情報なので、自然な日本語で

は，「〜だそうです」や「〜ということです」などのしかるべき伝聞表現が補われなければならない。(1) や (2) のままでは，｛　｝の部分は，LやD自身が直接発信源であると誤解されてしまう。鎌田が指摘しているように，上級レベルの日本語学習者でもこのような間違いを犯すのは，英語のような言語では，このような場合，He said のような伝聞形式を補わなくてもよいからであり（具体例は本章の第3節で詳しく見る），このことからくる言語干渉であると考えられる。

　鎌田 (1988, 2000)，神尾 (1998)，山口 (1998) などの研究では，情報伝達と文形式の関係に関して，日英語には一般的に次のような違いがあることが明らかにされている。つまり，伝聞・引用のかかわる間接的な情報伝達では，日本語はその間接性を言語的に明示する必要があるが，英語はその必要がないということである。特に神尾は，この日英語の違いを「情報のなわ張り」という概念に基づいて説明しようと試みている。情報のなわ張りというのは，発話の伝える情報が誰に属するかということであり，英語では他者から聞いた情報を話し手のなわ張りに取り入れることができるが，日本語ではそれができないという条件が存在すると主張されている。

　本章では，伝聞と情報のなわ張りに関して，そもそも日英語でこのような違いがあるのはどうしてかという点を考察する。まず第2節で，神尾の情報のなわ張り理論の概略を紹介し，情報のなわ張りと文形式の関係に関する日英語の共通点と相違点について簡単に論じる。第3節で，伝聞に関する日英語の違いを詳しく見る。第4節では，本書でこれまで論じてきた，私的自己・公的自己の観点から，伝聞に関する日英語の違いを原理的に説明する。日本語では伝聞情報を伝えるのに伝聞表現が不可欠なの

は，日本語が元来，私的自己中心の言語で，伝達性が弱いことの裏返しであり，一方，英語では伝聞表現に頼らずとも伝聞情報を伝えられるのは，英語が公的自己中心の言語で，伝達性が強いことの反映であるということが示される。

2. 情報のなわ張り

神尾 (1990) は，発話が伝える情報が話し手や聞き手のなわ張りに属するか否かによって，発話の文形式が異なることに注目し，情報のなわ張り理論という考え方を提案している。情報のなわ張りに属する情報とは，話し手または聞き手が自己に帰属するものと見なす情報であり，たとえば，自分が直接体験によって得た情報や，自分の個人的な事柄に関する情報，自分の職業的・専門的領域に関する情報など，自分にとって確定的で，心理的に「近い」情報がそれにあたる（詳細は神尾 (1990: 33) を参照）。

神尾によれば，どの言語においても，ある情報が話し手・聞き手のなわ張りに属するか否かによって，次に示す四とおりの場合があるという。[1]

A: 話し手のなわ張りに属し，聞き手のなわ張りに属さない。

---

1. この分類は，神尾 (1990) におけるものであり，その後に発表された神尾 (1998) では，情報が話し手・聞き手のなわ張りに入るか入らないかという二値的な捉え方から，情報が話し手・聞き手のなわ張りにどの程度属するかという多値的な捉え方に修正され，その結果六とおりの分類が提案されている。しかし，この点は本書の議論には直接関係しないので，分かりやすさを考え，ここでは初期の理論に依拠する。

B: 話し手のなわ張りにも，聞き手のなわ張りにも属する。
C: 話し手のなわ張りに属さず，聞き手のなわ張りに属する。
D: 話し手のなわ張りにも，聞き手のなわ張りにも属さない。

それぞれの場合と文形式の関係について，簡単に見ておきたい。文形式については，「直接形」と「間接形」という概念が用いられる。直接形というのは，「今日は気分が<u>いい</u>」や「つくばは雨が<u>降りました</u>」のように，述語の言い切りや，丁寧体の「です・ます」などが付加された形である。それに対し，間接形というのは，「大阪は雨<u>だろう</u>」「大阪は雨<u>だそうです</u>」「大阪は雨だと<u>思われます</u>」などのように，推量や伝聞や主観的判断などを表す要素が付加された文形式である。

それでは，Aの場合から具体的に見ていこう。たとえば，(3a)は話し手の昨日の個人的行動を述べ，(3b)は話し手の身体的状態を述べているので，これらの文が伝える情報は話し手のなわ張りに属し，聞き手のなわ張りには属さない。

(3) a. 昨日（ぼくは）動物園に行ってきました。
　　b. わたし，頭が痛い。

この場合，(3)のように直接形でなければならず，もし(4)のように間接形にすると奇妙な発話になる。

(4) a. ??昨日（ぼくは）動物園に行ってきた<u>らしい</u>。
　　b. ??わたし，頭が痛い<u>よう</u>よ。

Bの場合は次のような例がある。

(5) a. いい天気ですねえ。
    b. きみ、最近少しやせたね。

(5a)は、天候に関する挨拶の発言であり、その情報は話し手と聞き手で共有されているものである。(5b)は、聞き手が少しやせたことを、話し手が直接知覚して得た情報であるので、話し手のなわ張りに属し、さらに、聞き手にとっては自己の身体に関する情報なので、聞き手のなわ張りにも属する。このような場合に用いられる発話には、文末に「ね」もしくはその変異形「ねえ」「な」などが必要である。それがないと、次のように容認されなくなる。

(6) a. *いい天気です。
    b. *きみ、最近少しやせた。

また、「ね」に先行する部分はAの場合と同様の直接形なので、Bの場合に用いられる文形式は「直接ね形」と呼ばれる。

　Cの場合は、Aと逆で、話し手のなわ張りには属さず、聞き手のなわ張りに属する情報を伝える場合で、次のような例がある。

(7) a. きみは退屈そうだね。
    b. きみの住んでいるところは寒いらしいね。

(7a)は聞き手の心理状態に関する情報で、(7b)は聞き手の住む地域に関する情報である。どちらも聞き手のなわ張り内にあるが、話し手にとっては、なわ張り外にある。このような場合の文形式は、間接形に「ね」が加わった形をとり、「間接ね形」と呼ばれる。(7)の状況で「ね」がないと、次のように不自然になる。

(8) a. ??きみは退屈そうだ。

b. ??きみの住んでいるところは寒いらしい。

最後に、話し手・聞き手双方のなわ張り外が問題となるDの場合は、次のように間接形が用いられる。

(9) a. 明日も暑いらしいよ。
b. アラスカの自然はすばらしいって。

(9a)において、明日の気温に関する情報は、話し手にとっても聞き手にとっても不確定なものであり、両者のなわ張り外にあると言える。また(9b)では、話し手も聞き手もアラスカに行ったことはなく、その自然に関する情報は両者のなわ張り外である。

以上見てきたAからDの四とおりの場合から、日本語における情報のなわ張りと文形式の関係は、次のようにまとめられる（STは話し手のなわ張りを、HTは聞き手のなわ張りを表す）。

(10) 日本語における情報のなわ張りと文形式の関係
A (ST内・HT外)： 直接形
B (ST内・HT内)： 直接ね形
C (ST外・HT内)： 間接ね形
D (ST外・HT外)： 間接形

A/Bのように、情報が話し手のなわ張り内の場合は直接形が関与し、C/Dのように話し手のなわ張り外の場合は間接形が関与する。と同時に、B/Cのように、情報が聞き手のなわ張り内であれば、文末に「ね」形が用いられなければならない。したがって、日本語では、AからDの四とおりの場合に対してそれぞれ違った文形式が使い分けられることになる。

さらに神尾によれば、日本語とは異なり英語では、情報が話し

手のなわ張りに属していれば，聞き手のなわ張りに属しているか否かにかかわらず，常に直接形が用いられ，一方，情報が話し手のなわ張りに属していなければ，聞き手のなわ張りに属しているか否かにかかわらず，常に間接形が用いられるという。したがって，英語の場合は，情報のなわ張りと文形式の関係は次のようになる。

(11)　英語における情報のなわ張りと文形式の関係
　　　A（ST内・HT外）：　直接形
　　　B（ST内・HT内）：　直接形
　　　C（ST外・HT内）：　間接形
　　　D（ST外・HT外）：　間接形

英語におけるAからDの例は次のとおりである（それぞれに対応する日本語訳の文形式も示しておく）。

(12) a.　I first met Susan ten years ago.　［直接形］
　　　　（わたしが初めてスーザンに会ったのは10年前だ。［直接形］）
　　 b.　I am in my office this afternoon.　［直接形］
　　　　（今日の午後はオフィスにいるよ。［直接形］）
(13) a.　It's a beautiful day.　［直接形］
　　　　（すばらしい天気だね。［直接ね形］）
　　 b.　You've taken good care of me.　［直接形］
　　　　（きみは，よくぼくの世話をしてくれたね。［直接ね形］）
(14) a.　You seem to have forgotten that.　［間接形］
　　　　（あなた，あのこと忘れてるみたいね。［間接ね形］）

b. I hear your son is a medical student at Harvard.

　　　　　　　　　　　　　　　　　　　　　　　［間接形］

　　　（お宅の息子さんはハーバードの医学部に行ってらっしゃるそうですね。［間接ね形］）

(15) a. I hear winter in Quebec is hard. ［間接形］

　　　（ケベックの冬は厳しいらしい。［間接形］）

　　b. Your dream may come true. ［間接形］

　　　（きみの夢は実現するかもしれないよ。［間接形］）

(12) がAの場合で、当該情報は話し手のなわ張り内にあるが、聞き手のなわ張りには入らないものである。(13) はBの例で、(13a) が天候の情報、(13b) が話し手・聞き手の直接経験の情報なので、どちらも話し手・聞き手両方のなわ張り内に属する。しかし、この場合もAと同様に直接形が用いられている。(14) はCの例で、当該情報は聞き手の内的経験や家族に関する情報なので、聞き手のなわ張りには入るが、話し手にとってはなわ張り外のものである。(15) はDの場合で、(15a) は話し手・聞き手ともケベックの冬を経験していないことが前提になっており、また (15b) は、聞き手の夢の実現には話し手、聞き手とも確定的な予測はできないので、両者にとってなわ張り外の情報となる。英語では、Cの (14) もDの (15) も、ともに、下線部のような推量や伝聞等を表す表現を付けた間接形が用いられる。

　このように見てくると、情報のなわ張りと文形式の関係について、日英語には共通点と相違点があることに気づく。共通点は、日本語でも英語でも、話し手のなわ張りに属さない情報に対しては直接形が使えないということである。相違点は、英語では情報が聞き手のなわ張りに属するか否かは、文形式の違いに反映され

なくてもいいのに対し，日本語ではそれが必ず反映されなければならないという点である。

神尾 (1990: 79-80) は，共通点については，次のような原則が日英語における情報の表現に働いていると考える。

(16)　侵入を避けよ。

ここでいう「侵入」とは，自己のなわ張りに属していない情報をあたかも自己のなわ張りに属しているかのように扱うことをいう。(16) の原則により，話し手のなわ張りに属する情報と属さない情報は異なった文形式で表現されなければならないことになり，実際，日英語ともにそのようになっている。

日英語の相違点については，英語とは異なり，日本語では，もう一つ別の原則が働いていると主張される。それは次のようなものである（神尾 (1990: 80)）。

(17)　聞き手を無視することを避けよ。

この原則により，話し手は，聞き手の側における情報のなわ張り関係を無視してはならないことになる。その結果，情報が聞き手のなわ張りにある場合は，そのことを文形式に反映しなければならない。そうすると，日本語の場合は，(16) に (17) の原則が加わるために，上記の A から D の四とおりを言語形式的に区別することになる。

それでは，そもそも，どうして日本語は (17) のような原則に従わなければならないのだろうか。神尾はこの点については何も述べていないが，本書のこれまでの議論から次のような理由が考えられる。第 1 章で詳しく論じたように，日本語は私的自己中心の言語であり，本来，伝達性が弱い性格の言語だということで

ある。したがって，聞き手への情報伝達を行う場合，言語的に聞き手を無視してしまうと，意図されている伝達性が達成できないおそれが出てくる。それを回避するために，日本語では，第1章で見たようにさまざまな聞き手志向の公的表現が発達しており，それを対人関係に応じて使い分けなければならないようになっている。情報のなわ張り関係においても，話し手が聞き手のなわ張りに対して敏感にならなければならないのは，その一つの現れであると考えられるのである。

3. 伝聞に関する日英語の違い

前節では，神尾 (1990) による情報のなわ張り理論の概略を紹介し，ある情報が話し手・聞き手のなわ張りに属するか否かでどのような文形式をとるかに関する日英語の共通点と相違点を見た。本節では，神尾 (1998) において指摘された，伝聞と情報のなわ張りに関する日英語の違いについて考察する。

前節でも述べたように，自己のなわ張りに入る情報とは，その自己にとって確定的で心理的に近い情報であり，基本的なところでは日英語に違いはない。しかし，神尾 (1998) は，この点に関しても日英語に一つ重要な違いがあることを指摘している。それは，英語では他者から聞いた情報は（信頼すべきものであれば）すぐに自己のなわ張りに取り入れることができるが，日本語ではそれができないという点である。この違いは，人から聞いた話を聞き手に伝える場合，日本語ではそれが伝聞・引用であることを言語的に明示しなければならないが，英語ではその必要がないということに基づくものである。

たとえば，(18) の脈絡で，ジェーンが親しい知人のジャック

の言ったことを母親に伝える場合，英語では (18a) に示したように He said のような伝達節を用いずに直接的な断言ができる。それに対し，日本語では (18b) のように，伝聞を表す「って」を付け加える必要があり，それがないと非常に不自然になる。

(18) 　[ジェーンが親しい知人のジャックと電話で話をし，電話を切ったあとジェーンの母親が聞く]
 a. Mother　: What did Jack say?
   Jane : He's coming to visit us soon.
 b. 母親　　: ジャックは何て言ったの？
   ジェーン: （ジャックが)今度遊びに来るって。
             （神尾 (1998: 57-58)）

鎌田 (2000) にも同様な指摘があり，次のような例が挙げられている。ここでも，電話を切ったあとの会話で，太郎が妹の花子から聞いたことを母親に伝える場面である。

(19)　母　:　何だったの？
  太郎: (a) 明日，花子が帰ってくる<u>って</u>／<u>そうだよ</u>／<u>らしいよ</u>。
     (b) 明日，??花子が帰ってくるよ。
             （鎌田 (2000: 171)）

(20)　Mother: What was that?
  Taro　: (a) It was from Hanako.　She said she is coming home tomorrow.
     (b) It was from Hanako.　She is coming home tomorrow.
             （鎌田 (2000: 171)）

(19) では,「って」以外にも「そうだ」と「らしい」が挙がっているが,「そうだ・らしい」の場合は,伝聞ということに加えて,聞いた情報の信憑性にそれほど確信がないという含意があると思われる(「らしい」が最も確信度が低い)。しかし,ここで重要なのは,情報が信頼できて確実であると判断される場合でも,日本語では,少なくとも伝聞の「って」は付け加えないと,(19b) のように不自然に聞こえるということである。それに対し,英語では,情報が確実であり信頼できると判断されたなら,(20b) のように伝達節なしで言えるわけである。

このような日英語の違いは,次の例からも確認することができる。(21) と (22) は,どちらも映画の対訳シナリオから取ったものである。

(21) a. *Farley picks up the phone, and it rings. Danny throws the phone to Rudy.*

  DANNY : Talk.
  RUDY : Hello.
  FARLEY: Yeah. Hello.
  RUDY : I'm Rudy, so don't shoot me thinking I'm him. Please.
  FARLEY: Rudy, my name is Farley. Could you get Danny on the line?
  RUDY : <u>Farley would like to talk to you.</u>

Rudy tries to hand the phone to Danny.

  DANNY : Tell him I only wanna talk to Chris Sabian.
  RUDY : <u>He'll only talk to, uh, Chris Sabian.</u>

b. ファーリーが受話器を取り,電話が鳴る。ダニーは電話をルーディーに放り投げる。

ダニー　　：　出ろ。
ルーディー：　もしもし。
ファーリー：　あ,もしもし。
ルーディー：　おれはルーディー。だから,犯人と間違えて,撃たないでくれよ。
ファーリー：　ルーディー,ファーリーだ。ダニーに電話を代わってもらえるか？
ルーディー：　<u>ファーリーがあんたと話をしたいって</u>。

ルーディーはダニーに電話を渡そうとする。

ダニー　　：　話はクリス・セイビアンとしかしない,と伝えろ。
ルーディー：　<u>クリス・セイビアンとしか話をしないと言ってるけど</u>。

(『交渉人 (The Negotiator)』)

(22) a.　MARIA:　Gretl? Are you scared?

Gretl shakes her head. There is another clap of thunder and she runs to Maria.

　　　　MARIA:　Oh ... You're not frightened of a thunderstorm, are you? You just stay right here with me. Oh! Uh! Where are the others?

　　　　GRETL:　They're asleep. <u>They're not scared.</u>

b.　マリア　　：　グレーテル？ 怖いの？

グレーテルは首を横に振る。もう一度雷鳴が鳴ると,

彼女はマリアに走り寄る。

マリア　　：　まあ...雷は怖くないわね？　でしょ？
　　　　　　　こっちにいらっしゃい。私の所に。サ
　　　　　　　ア！　ハイ！　お姉さんたちは？
グレーテル：　寝ているわ。怖くないんだって。
（『サウンド・オブ・ミュージック (The Sound of Music)』）

(21) と (22) では，下線部は，それぞれ他者から聞いたことを間接引用で伝えているものである。英語では伝聞であることを示す he said や they said などの伝達節を付け加えていないのに対し，(21b) と (22b) の日本語訳では，二重下線で示したように，「って」や「と言ってる」のような伝聞・引用を示す表現が加えられている。そして，これらの表現を取り除くと，非常に不自然な日本語になるので，これらは不可欠な要素である。

　これまでの例は，すべて対話の例だが，山口 (1998) は，この日英語の違いが英語の小説の自由間接話法（第1章の7.3節を参照）とその日本語訳にも見られることを指摘している。つまり，伝達節のない自由間接話法が電話や手紙などの内容を伝えるとき，その日本語訳には「という」などの伝達表現が補われるということである。山口 (1998: 67) から，次に例を挙げる。

(23) a.　　In the late afternoon, in the autumn of 1989, I'm at my desk, looking at a blinking cursor on the computer screen before me, and the telephone rings.

　　　　　On the other end of the wire is a former Iowan named Michael Johnson. He lives in Florida now. A friend from Iowa has sent him one of my books. Michael Johnson has read it; his sister, Carolyn, has read it; and they have a story in which they think I might be interested.　(Robert James Waller, *The Bridges of Madison County*)

b.　　1989年の秋，ある日の午後遅く，私が机に向かって，コンピューターの画面上で点滅するカーソルを見つめていると，電話が鳴った。

電話の主は，マイケル・ジョンソンという人物だった。かつてはアイオワ州の住人だったがいまはフロリダで暮らしているという。アイオワの友人がわたしの著書を彼に送った。マイケル・ジョンソンはそれを読み，妹のキャロリンもそれを読んだ。で，わたしが興味をもつかもしれない話があるという。

(村松潔訳『マディソン郡の橋』)

(24) a.　　An invitation to dinner was soon afterwards dispatched; and already had Mrs. Bennet planned the courses that were to do credit to her housekeeping, when an answer arrived which deferred it all.　Mr. Bingley was obliged to be in town the following day, and consequently unable to accept the honour of their invitation, &c.

(Jane Austen, *Pride and Prejudice*)

b.　　それからまもなく，正餐の招待状が送られ，ベネット夫人が，家政のほまれを高めるべき献立の計画もおわったとき，返事がとどいて，それは延期ということになった。ビングリー氏は次の日ロンドンへゆかなければならず，したがってご招待の栄を心苦し

くも云々,というのだった。

(阿部知二訳『高慢と偏見』)

(23)と(24)の下線部は,それぞれ,電話と手紙の返事の内容を伝える部分であり,英語では,どちらも,伝達節のない自由間接話法で表現されている。ところがその日本語訳では,二重下線で示したように,「という」や「というのだった」が補われ,それが伝聞であることが明示されている。

4. 私的自己・公的自己に基づく説明

前節に示したような日英語の違いを見てくると,当然,次の問いが生じる。

(25) 日本語では,人から聞いた内容を伝えるという間接的な情報伝達の場合,その情報の間接性を言語的に明示しなければならないのはどうしてか。さらに,英語ではその必要がないのはどうしてか。

この問いに対して,日本語は私的自己中心の言語,英語は公的自己中心の言語という本書での考え方からは,以下のように答えることができる。

まず,伝聞が関わる間接的な情報伝達では,人から聞いたことをまた別の人に伝えるので,伝達者としての話し手,つまり公的自己の存在が前提とされなければならない。実際,「という」や「って」「そうだ」「らしい」などの伝聞表現が公的表現であることは,思考動詞の引用部に生じないことから分かる。(26)に対して,(27)の例はすべて容認されない。

(26) 秋男は、〈東京は雨だ〉と思っている。
(27) a. *秋男は、［東京は雨だという］と思っている。
   b. *秋男は、［東京は雨だって］と思っている。
   c. *秋男は、［東京は雨だそうだ］と思っている。
   d. *秋男は、［東京は雨らしい］と思っている。

ところが私的自己中心の日本語では，第1章でも見たように，間接的な引用を行う場合，引用される側，つまり私的自己の視点が優先される。そうなると，引用により情報を伝達する，公的自己としての話し手の存在が消えてしまう（あるいは，全く逆に，伝達者である話し手自身がその情報の直接的発信源だと誤解されてしまう）おそれがある。そこで，「という」や「って」などの引用・伝聞表現を付け加えることによって，公的自己の存在を言語的に保証しているのである。たとえば，次の例は小説の会話部分からとったものだが，下線部は「彼」の発言を伝える部分で，文末に「って」が付加されている。

(28) 「彼が，あるとき言ったの。<u>自分たちは……心のなかでは，別の社会，ここは違う世界に生きているつもりで，暮らしてゆくことができるんじゃないだろうかって</u>……。わたしたち，基本的には周囲に合わせてるの。世間の枠内で生きてるし，暮らしてきた……」
(天童荒太『永遠の子』)

ここで，もし，「って」がないと，「彼」の発言を伝える公的自己としての話し手の存在が消え，その結果，「彼」の意識だけが前面に出てしまう。そうすると，「わたしたち」以降の発話とうまくつながらなくなる。それを避けるため，つまり，公的自己の存

在を保証するために「って」が不可欠になっていると言える。

　一方，公的自己中心の英語では，間接的な引用を行う場合，引用する側（公的自己）の視点が優先される。引用する側の視点が優先されるということ，つまり，人称や時制の決定が公的自己中心に行われるということは，それで引用の間接化が行われているということであり，したがって，引用や伝聞であることを示す特別な表現は用いなくてもよいということになる。第1章の7.3節で見たように，英語では，人の内的意識を描出する自由間接話法（描出話法）においてさえも，人称代名詞と時制の点で公的自己としての語り手が介入する。これと同じく，公的自己による介入が伝聞に基づく間接的情報伝達でも行われるということである。つまり英語では，人の内的意識を描出するのも，伝聞を伝えるのも，どちらも伝達節のない自由間接話法を使うことができるのであり，それは，まさに，英語が公的自己を中心にした体系だからにほかならない。

　それに対し，日本語では，第1章で見たように，内的意識を描出する場合は私的自己による私的表現だけで自己完結的に表現することができ，語り手の介在は全く不要である。したがって，この場合は，公的自己としての語り手の存在は消えていいことになり，伝達節のない自由間接話法が用いられる（例は第1章の(36)を参照）。しかし，伝聞による情報伝達の場合は，上述のように，伝達者である公的自己の介在なくしては成立しないので，内的意識の描出の場合と同じく，自由間接話法を用いると公的自己が消えてしまうことになる。それを防ぎ，公的自己を消さないようにするのが「という」や「って」などの伝聞表現の働きなのである。したがって，伝聞による情報伝達の場合に，日本語でこれらの表現が不可欠なのは，日本語がまさに私的自己を中心にし

た体系だからにほかならない。

　このように見てくると，英語では，他者の主観的な心理状態でさえ直接形で報告できるのに対し，日本語ではそれは全くできないということも分かる。たとえば，英語ではジョンが (29a) のように I'm happy と言ったのを受けて，(29b) のように直接形でジョンの心理状態を報告することができる。

(29) a.　John said, "I'm happy."
　　 b.　John is happy.

これまでも何度か述べているように，英語の人称体系は公的自己中心なので，(29b) の John is という三人称形式は，伝達者としての公的自己の観点を含意する。そして，それによって，ジョンの心理状態を報告する公的自己の存在が保証されるので，John said のような伝聞表現に頼る必要がないのである。つまり，(29b) で happy という心理述語自体は，ジョンの心理状態を表しながら，is という三人称形によって，それが公的自己から見た他者の心理報告であることが示されるわけである。

　一方，日本語では，ジョンが (30a) のように「うれしい」と言ったのを受けて，(30b) のように直接形で報告することはできず，(30c) のような伝聞形を使わなければならない。

(30) a.　ジョンは，「うれしい」と言った。
　　 b.　*ジョンは，うれしい。
　　 c.　ジョンは，うれしい<u>って</u>。

「うれしい」という述語自体は，ジョンの主観的な心理状態を表しているとしても，そのままでは，それを伝える公的自己の観点が保証されない。(30c) のように「って」が補われることによっ

て，それが公的自己から見た他者の心理報告であることが明示されるのである。上で見た映画の対訳シナリオからの例でも，次に示すように，下線部の心理述語を含む英文とその日本語訳は，いま述べたような対応関係になっている。

(31) a.　Farley would like to talk to you.　［例 (21a) から］
　　 b.　ファーリーがあんたと話をしたいって。［例 (21b) から］
(32) a.　They're not scared.　［例 (22a) から］
　　 b.　怖くないんだって。［例 (22b) から］

英語のように，一人称・二人称・三人称の文法的区別がある言語は，第2章で見たように，公的自己中心言語の特徴であり，日本語ではそれが発達していない。[2] 日本語は私的自己中心の言語であり，そこで重要なのは自己か他者かの違い，つまり，「自分」か「自分以外の人」かの違いである（詳細は第2章参照）。そうすると，「って」などの伝聞表現は，一方で，自分以外の人の情報を表し，それと同時に，その情報を公的自己が聞き手に報告するという機能を備えた要素であると言える。

以上が私的自己・公的自己に基づく説明であるが，最後に，神尾の情報のなわ張り理論との関連性を簡単に述べておく。第3節で見たように，情報のなわ張り理論では，(25) の問いに対しては，概略，英語では他者から聞いた情報は話し手のなわ張りに

2.　和田 (2008) は，「公的自己中心性」という概念を導入することにより，英語だけでなく，ドイツ語，フランス語，オランダ語，スペイン語，スウェーデン語などの西欧諸語を比較検討し，特に，これらの言語に見られる法・時制に関する文法現象の相違点を説明する仮説を提案している。

取り入れられるが,日本語では取り入れられないという条件を設定することで答えることになる。本書の分析は,この条件に対してもしかるべき動機づけを与えることができる。

まず注意すべきは,情報のなわ張り理論で言う話し手というのは,伝達の主体としての公的自己のことだという点である。そうすると,その条件は,英語では他者から聞いた情報は公的自己のなわ張りに取り入れられるが,日本語では取り入れられないというように言い換えることができる。

すでに何度も述べたように,英語では間接的な引用には公的自己の視点が常に介入するので,伝達節を明示しなくても,伝達者としての公的自己の存在は保証される。したがって,あとは,公的自己が引用される情報の内容が信頼できると判断しさえすれば,伝達節を付けないで,間接引用が可能となる。これが,英語では他者から聞いた情報が公的自己のなわ張りに取り入れられることの動機づけである。

それに対し,日本語の場合には,上述のように,公的自己自体の存在を言語的に保証するのに「という」や「って」「そうだ」「らしい」などの伝達表現が不可欠であるため,引用される情報の内容がいくら信頼できるものであっても,これらの伝達表現を取り去ることはできない。もし取り去ると,他者からの間接引用ではなく,公的自己自身がその情報の発信源と誤解されてしまう。日本語では他者から聞いた情報が公的自己のなわ張りに取り入れられないというのは,このためである。[3]

---

3. 元は他者から聞いた情報でも,話し手が改めて自分の情報として捉え直せば,それはもはや伝聞扱いされない情報となる。このような場合については,高見 (2003) を参照。

ついでながら，伝聞表現の「という」に関する井上 (1983: 118)の次の指摘は，この種の表現のもたらす逆説性を示唆しており興味深い。

> 問題にしている「という」自体は直接形であるから，話し手が直接に聞き，あるいは読んだ情報でなければならない。他方 [他者への伝達を目的とする] 報告文体は，報告者の立場に立って用いられる文体であるから，「という」のような伝聞のモーダルを使わずに，引用部をそのまま直接形で表してよいはずである。

しかし，実際はそうならずに，「という」などの伝聞表現が使われるところが，まさに逆説的なのである。もちろん，この逆説性は，日本語における間接引用では私的自己が優先されるのに，報告文体では公的自己が前面に出るということからくるものであり，それは，結局，日本語が私的自己中心の言語であり，本来的に伝達性が弱いというところに端を発するものであることはすでに明らかであろう。

なお，私的表現のみが現れる独り言では，人から聞いて新しく得た情報には，「ふーん，アラスカの自然はすばらしいのか」や「やっぱり，遊びに来るのか」のように，「のか」や，「怖くないんだ」や「ジョンはうれしいんだ」のように，「のだ」が使われるということを最後に補足しておきたい。

5. まとめ

本章では，まず，情報のなわ張りと文形式の一般的な関係について神尾の理論の概略を示し，特に，日本語では英語と異なり，

情報が聞き手のなわ張りにある場合を特別扱いしなければならないことを見た。続いて，伝聞情報の伝達に関して，日本語では伝聞表現が不可欠であるのに対し，英語ではそうではないということを考察した。そして，このような情報のなわ張りと伝聞に関する日英語の違いは，英語が公的自己中心で，伝達的な性格の強い言語であるのに対し，日本語は本来的に私的自己中心で，伝達性の弱い言語であるということから原理的に説明されることを論じた。

第 5 章

親密さと敬い

1. はじめに

　最近の語用論，特にポライトネスの研究では，ことばと発話場面（コンテクスト）とをつなげる，指標性（インデックス性，indexicality）という概念が頻繁に使われる。[1] 指標性とは，もともと，記号論の基礎概念で，記号 A が情報 C を含意する場合，A は C の指標（インデックス）であるとする (Lyons (1977: 106))。たとえば，Smoke means fire の場合，煙（記号 A）は火事があること（情報 C）の指標だと捉えられる。

　言語の持つ指標性の例としては，発話時間や場所の直示（ダイクシス），対話者の社会的立場，発話行為（スピーチアクト），論争，物語等の社会的規範のある言語行為，話し手の情動的・認識的立場などが挙げられる (Ochs (1996: 410))。発話には，多様な社会的・文化的指標が含まれるため，指標機能は発話場面への依存度が非常に高いという特徴がある。

　指標性という概念が言語学でどのように応用されているかを，例を挙げて説明しよう。分かりやすいのは，一・二人称代名詞だろう。[2]「おれ」の意味は「話し手」だとしたら，どうだろうか。そうすると，「話し手」の意味は「話す人」であるから，「おれ」の意味は「話す人」となってしまい，どこかおかしい。そこで，

---

　1. この，指標性を重視する研究傾向は，片岡 (2002) に簡潔にまとめられている。
　2. 日本語では，「このわたし」のような表現が可能なので，「わたし，ぼく，あなた，きみ」などは一般名詞に近い。(英語では this I とは絶対に言えない。) したがって，厳密に考えた場合，日本語に人称代名詞が存在するのかどうかは意見の分かれるところであるが，本書では，便宜上，これらの語彙を人称代名詞と呼んでいる。

「おれ」は発話者を意味するのではなく，発話者への指標だと考えるのである。

　また，普通，「おれ」と言えば，話し手は男性である。この，話し手の性別という属性も「おれ」の意味の一部だとすると，方言によっては女性も使うし，再び，おかしな話になってしまう。したがって，話し手の性別も指標されるものだと考える。

　もう一つ例を挙げよう。誰かが「ふとんひいて」と言ったとする。これを「布団引いて」だと解釈すれば，その意味は「布団敷いて」とは異なる。この種の意味の違いは指示的（referential）であると言われる。

　一方，東京方言話者の多くは，「布団を敷く」の意味で「布団をひく」と言う。（これは，江戸方言が「ひ」と「し」を混同していたことからの過剰修正による。）この場合，「ひいて」と「しいて」は指示的には同じ意味だが，「ひいて」は，それに加えて，話し手の使用方言に関する情報も含むことになる。しかし，この情報は，指示されるのではなく，指標されると考えるのである。以前は，「社会的意味」という用語が使われることもあったが，最近では，この類の情報は指標性と捉えるのが一般的になった。

　指標性機能を研究する際には，ある言語表現が発話環境の多様な側面のうち，何を指標し得るかということと，その表現が使われた個々の状況下で，実際に何を指標するのかを区別することが重要だと Ochs（1996: 418）は主張する。指標性が示し得ることは，個々の表現が使われてきた歴史やその言語の文化的規範により，その中から，実際に言語表現が指標するものは，発話状況によって，おのずと異なるものなのである。

　本章では，この区別を重視しつつ，日本語のポライトネス現象における，独り言の指標性を考察する。本章の構成は，まず第 2

節で，日本語で親密さと敬意を同時に表現することの難しさを論じ，第3節では，ポライトネスと敬語の関係を検討する。第4節では，いわゆるスピーチスタイルシフト（「です・ます調」と「だ・である調」の混合使用）を取り上げ，先行研究のいくつかを紹介する。スピーチスタイルシフトで重要な役割を担うのは，独り言的発話である。第5節では，この，対話に埋め込まれた独り言の機能を考察し，これは聞き手に対する敬意と親しみの同時指標であることを確認する。第6節では，指標性の検討に戻り，言語表現が何を直接指標し，何を間接指標するかという問題等を考える。

2. 日本語の敬意表現

　日本語の敬意表現体系は二つの軸を持つ。一つは聞き手であり，もう一つは，(1)の田中という人物のように，言葉で指示される者である。前者を対象とした敬意表現は丁寧語（です・ます体），丁寧語を含まない表現法は普通体と呼ばれ，指示対象人物への敬意表現は尊敬語と呼ばれる。（後者と同じく被指示者対象の謙譲語は，本書では扱わない。）

　丁寧語と尊敬語は，各々独立して使われ，四つの組み合わせが可能である。

(1) a. 田中さんがいらっしゃいました。
　　　　　　　　　　　　　　　　　　　　[＋丁寧語，＋尊敬語]
　　b. 田中さんが来ました。　　[＋丁寧語，－尊敬語]
　　c. 田中さんがいらっしゃった。[－丁寧語，＋尊敬語]
　　d. 田中さんが来た。　　　　[－丁寧語，－尊敬語]

丁寧語は，普通，話し手が聞き手に対し心的に距離を感じ，かつ尊敬の気持ちを表したいときに使われる。ここでも，心的距離と敬意という二つの軸が関与し，言語形態としては，聞き手は以下の四種に分別される（Hasegawa (2002, 2006)）。

聞き手	心的距離＝近	心的距離＝遠
敬意あり	(A)	丁寧体
敬意なし	普通体	(B)

この表に示されるように，心理的に距離があり，敬意を表したい聞き手に対しては丁寧体が使われ，親しくて，敬意表現は必要ない聞き手には普通体が使われる。(B) の場合は，「そこにあるよ」のように普通体が使われ，親しくない関係なので，無作法に響くこともある。

問題なのは，(A) の場合，つまり，話し手が聞き手に対し，親しさと敬意の両方を同時に表現したいときである。この二つの感情は，共起するのはごく自然であるにもかかわらず，言語体系では相容れないものとして扱われる。つまり，(A) の場合，敬語を使えば距離感が生まれ，使わなければ不当に馴れ馴れしく聞こえてしまうのである。

これは，一般に，ポライトネスは親しさに対立する概念として考えられているために起こる現象で，日本語だけではなく，言語の普遍的な問題なのかもしれない。

3. ポライトネスと敬語

現代では，ポライト（丁寧，慇懃）な言語使用は，相手の領域を侵害せず，円滑にことを運ぶための，かけひき，または政略的行為だと考えられている (Brown and Levinson (1978/1987) など)。しかし，18-19世紀の西欧では，ポライトネスとは，教養の高さや高尚な嗜好，優雅な振る舞いなど，特権階級の優越性を誇示するものだった (Sell (1992), Watts (1992))。

この古い意味でのポライトネスは現代日本語にも見られる。(2) の発話を考えてみよう。ここでは，「いらっしゃる」の主語と聞き手は同一人物である。それにもかかわらず，主語の指示対象に向けられた尊敬語のみで，聞き手に向けられた丁寧語は使われていない。

(2) 明日いらっしゃる？

この，一見矛盾した，同一人物に対する [－丁寧語，＋尊敬語] の組み合わせは，ほとんど，女性話者にのみ見られる現象で，[－丁寧語] は話し手の聞き手に対する親密な情感を，[＋尊敬語] は話し手の言語的洗練さ，上品さの指標として用いられている。

ここで一つ触れておきたいのは，敬語使用，即，ポライト行為ではないということだ。慇懃無礼な敬語使用は可能であるし，ブラウンとレビンソンのポジティブポライトネス（友好性，親密さ，連帯感）という概念では，場合によっては，普通体使用こそがポライトだと解釈される場合もある。

しかし，重要なのは，日本語では，敬意表現は話し手の敬意を保証するものではないが，敬意は敬意表現なしには表せないとい

う点である。「明日来る？」のような普通体発話では，いかなる場合でも，敬意は伝わらない。

このように，ポライトネスと敬意表現に密接な関係があるため，日本語のポライトネスとは，主に，敬語使用の社会的慣習に従うことだと主張する研究者もいる (Ide (1991) など)。

一方，敬意表現は敬意以外の指標にもなる。たとえば，「公私のけじめ」である。上下関係が明白でない人間関係の場合，親しくなるに従って，徐々に，丁寧体から普通体会話へ移行するのが普通だ。しかし，「なあなあになるのはよくない」と言われるように，親密になるということが常に望ましいものとは限らない。親密になることによってしがらみができ，適切，公平な判断が鈍ることも充分考えられるからである。そのような危険を避けるため，長い付き合いではあっても，丁寧体を基調とした対話を続ける人もいる。

無礼を尊ぶ社会などは想像できないが，心的距離を強調する敬意よりは，親密さを尊ぶ社会は容易に想像がつく。日本は前者，アメリカ（特にカリフォルニア）は後者の例だと考えていいだろう。しかし，どの社会でも，この二つは，二者択一ではなく，微妙に調和されているものである。したがって，その調和の度合いが違うと，「馴れ馴れしい」とか「お高くとまっている」といった否定的評価を受けてしまう。

サンフランシスコの日本人観光客が頻繁に出入りする店の例を挙げる。そういう店には，普通，米国在住経験の長い日本人女性が働いている。彼女たちは，アメリカ社会の慣習に従い，親密さ（ポジティブポライトネス）を重視する傾向があるので，日本か

ら訪れた人は違和感を抱くことが多々ある。[3]

(3) a. これ，今，セールなのよ。
　　b. 倉庫にあるかもしれないから，見てきてあげる。

　日本でも，敬意表現の基準点は人によって異なり，丁寧体の多用を好む人もいれば，普通体の気安さを好む人もいる（Okamoto (1997, 1999) など参照）。

　一般に，敬語は敬意の指標だが，「お高い，冷たい，親しみがない」といった印象を与えることもある。また，普通体は親しさの指標と解釈されることもあるが，「馴れ馴れしい，敬意に欠ける，立場をわきまえない」と思われてしまうこともある。したがって，敬意と親しみを同時に表現するのは至難の技で，これは，意識する，しないにかかわらず，われわれがみな，苦労しているところである。

　たとえば，アメリカの大学院生は，教官を「チャック」や「ロビン」のようにファーストネームで呼ぶのが一般的で，日本人留学生も柔軟にこの慣習に従う。しかし，教官が日本人の場合，まさか，「ヨーコ」とは呼べない。かと言って，いつまでも「長谷川先生」では，よそよそしい気がする。気持ちが通じ合わない。それで，「葉子先生」と呼んでみるのである。けれども，この方策が「幸生先生」のように，男性教授に使われるのを目撃したことはないので，女性対象にのみに使えるテクニックなのかもしれない。

---

　3. Suckle (1994: 123) のデータでは，日本国内では，丁寧体の使用は，駅の窓口での会話の 77.3%，郵便局では 51.9%，八百屋では 36.2% となっている。

「じゃないですか」の連発という,かなり苦しいストラテジーを使う人もいる。「わたしって,こういうのに,結構弱いじゃないですか」,「やっと書く気になると,必ず何かが起こるじゃないですか」などなど。これも,丁寧体単独使用に欠ける,親密さの指標である。「わたしは,こういうのに,結構弱いんです」や「やっと書く気になると,必ず何かが起こります」に比べて,親しげに響かないだろうか。

親密さと敬意の同時指標という難題には,一般的には,丁寧体と普通体を微妙に混合するという解決策が取られる。丁寧体と普通体の混用は「スピーチスタイルシフト」と呼ばれる。

4. スピーチスタイルシフト

スピーチスタイルの選択は,対話者の社会関係を反映するだけではなく,そのような関係を積極的に作り出す役割も果たす。そのため,スタイルの選択は動的で,一度決めたら最後までというのは珍しい。たとえば,見知らぬ同士が,最初は丁寧体で話し始め,次第に親しくなり,普通体に移行するのは,よく見られる現象である。反対に,親しく,普段は普通体を使っている者同士が,「死,倒産,離婚」のように,話題が深刻になったり,感情的な言い争いが起こったりすると,突然,丁寧体を使いだすこともある。

スピーチスタイルは,一回の対話の中で何度も変化し得るが,決して,勝手気ままに変更されるわけではない。複雑な規則があるのだ。そのため,日本語習得途上の非母語話者がスタイルシフトすると,その理解に苦しむこともまれではない。意図の読めないシフトをされると,とてもツカレルものなのである。

また，上位と下位の者とでは，同じような形でシフトすることはできず，異なったシフト方策が必要になる（ネウストプニー(1982)）。本節では，この，複雑なスピーチスタイルシフトの先行研究を概観する。

　この分野の先駆者，Ikuta (1983) は，それまで一般に受け入れられてきた，「丁寧体は話し手の丁寧さ，礼儀正しさを表現する」という考えは，対話者の社会的関係や対話を取り巻く状況が変化していないにもかかわらず，スタイルがシフトする現象を説明できないと指摘した。

　Ikuta は，丁寧体の根本的機能は，心的距離をおくということだと考える。[4] 普通，対話の基調スタイルは，開始時の対話者の社会的な関係によって決められるが，話が進むにつれ，その時々の，話し手の相手に対する感情を反映するようになる。Ikuta によると，話し手が聞き手に賛同したり，聞き手を賞賛する場合，共感（心理的近接）を表現するために普通体を使うのが一般的であるそうだ。たとえば，(4) は，『徹子の部屋』からの抜粋だが，最初の三行では丁寧体が使われ，感嘆を表す四行目では普通体にシフトする。（「黒」＝黒柳，「城」＝ゲスト）

　(4)　黒：　そのお部屋は個室になっているんですか？
　　　　城：　ええ，六畳と四畳半とサンルームが大変広いんですの。
　→　黒：　まあ，随分いいのね。［普通体］

---

4. Ikuta は，スピーチスタイルシフトのもう一つの機能として，談話の一貫性や階層構造の表示を挙げている。非常に興味深い指摘ではあるが，本章の趣旨とは直接関係がないので，この機能には言及しない。

反対に，話題が非常に私的な領域に及んだり，微妙な配慮を必要とする場合には，共感表現は避け，距離をおくことが望ましい。この対話では，黒柳と城はかなり打ち解け，(5)の前では，しばらく普通体を使っていたが，(5)で黒柳は急に丁寧体にシフトする。(余談になるが，ここで，黒柳は「いらっしゃるの」という，3節で述べた，同一人物に対する[－丁寧語，＋尊敬語]の組み合わせを使っている。)

(5) → 黒： 失礼ですけど，城さんはずっと独身でいらっしゃるの？
　　　城： いえ，あのね，二度お嫁に行ったの。
　　　黒： あら，そうなんですか。

Ikuta は，ここでの「失礼ですけど」を以下のように説明する。人の結婚歴を聞くというのは，相手の私的領域に深く踏み込むことになるため，黒柳はその質問をする前に丁寧体を儀礼として使う。黒柳の残りの発話，「城さんはずっと独身でいらっしゃるの？」は普通体である。ここで，「ずっと独身でいらっしゃるんですか」と聞くこともできるが，そうすると，距離ができ，城が話すのをためらう可能性を生み出すと，Ikuta は分析する。

Ikuta の先駆的研究の貢献は非常に大きいが，不正確な部分があるのも否めない。たとえば，聞き手を賞賛する場合，親しさを表現するために，いつでも普通体を使ってよいわけではない。敬意を表したい相手に対し，(6a)は問題ないが，(6b)は使えない。

(6) a. わあ，とっても似合う。
　　 b. わあ，とっても似合うよ。

これは，次節で検討するように，(6a)は独り言と受け取れる

が，(6b) はそうは取れないことに由来するのだが，Ikuta の理論では，この違いの説明がつかない。

Maynard (1991: 577-578) は，スピーチスタイルシフトは，話し手が相手を強く意識しているか否かに動機付けられると主張する。この理論では，普通体は，相手をあまり意識しない場合，つまり，(i) 話し手が急に何かを思い出したり，感情を直接表現するとき，(ii) 話し手が表現される世界に溶け込み，あたかも目の前の出来事を描写しているような効果をねらうとき，(iii) 自分の思考を独り言として表すとき，(iv) 発話を聞き手と共同で完結するとき，(v) 従属的な情報を提供するとき，(vi) 聞き手との心的距離を縮小し，親しさを表すときに使われる。

反対に，丁寧体は，相手を強く意識している場合，つまり，(a) 社会慣習としてふさわしい言葉遣いで聞き手に直接話しかけるとき，(b) 主要情報を相手に直接伝えるときに選択されるとしている。

岡本 (1997) は，小学三年生の教室談話を分析し，丁寧体は，教師，生徒といった公的立場からの発話に，普通体は，私的立場からの発話に使われることを指摘する。岡本のデータから，次の教師の発話を見てみよう。これは，国語の教科書の中で，東京から移ってきた女の子と田舎の子供たちが喧嘩になった理由と，その時の女の子の気持ちを伝える箇所に線を引くという作業を終えたときのものである。

(7) はい，では，鉛筆置いてくださぁい。それで，まだ，書けてなくても，途中で気がついたらね，発表すればいいんですからね。いいですか。はい，じゃあ，先ずね，線を引っ張ったところから発表してもらいまぁす。は

　　　　い，じゃあ，線引っ張った人，手を挙げてくださぁい。
　　　　［汗をハンカチでふいた後，手で自分に風を送る動作を
　　　　しながら］
　→　　暑さに負けずに頑張ろうね。
　　　　はい，じゃあ，ミヤユタカさん，お願いしまぁす。

ここでは，「暑さに負けずに頑張ろうね」を除いては，すべて丁寧体が使われているが，普通体は，教師の個人的な親しみを込めた励ましであり，教師としての教示的発言とは違うということの指標となっている。

　次の (8) は，イクマという女生徒が「取り結ぶ」を「結ぶ」と誤って読んだ場面である。この間違いは，級友のカズヒロによって訂正される。ここで，教師は，クラス全体にではなく，カズヒロのみに話しかける。

(8)　イ：　はい，わたしは「結んでくれたのです」というと
　　　　　　ころに線を引きました。
　　　教：　「結んでくれた」のと，ところですか。
　　　イ：　はい。
　　　カ：　［陰で］取り結ぶ，取り結ぶ。
　→　教：　ん，ちょっと，ん，カズヒロ君，もう一度言って
　　　　　　あげて，今言ったところ。
　　　カ：　イクマさんが言ったことは，多分，「取り結ぶ」の
　　　　　　ことではありませんか。
　　　イ：　はい，そうでぇす。

この，公的な教師としての発話から個人的な発話へのシフトの裏には，3節で述べた，「けじめ」という概念がうかがわれる。

宇佐美 (1995) は丁寧体から普通体へのシフトの生起条件として，次の五つを提唱する。(i) 心的距離の短縮，(ii) 相手のスタイルに同調，(iii) 独り言的発話，(iv) 確認のため，または確認に答える発話，(v) 中途終了型発話。

宇佐美のデータからは，以下の例を取りあげる。これらは，マサチューセッツ州ケンブリッジに在住する，お互いに顔なじみではない，九人の日本人留学生による会話からの抜粋で，被験者は，アメリカでの学生生活について話すように指示されている。矢印は，宇佐美の分析を例証するとされる部分を示す。

(9) 心的距離の短縮 [対等な女性同士の会話]
　　A: リンギスティックですか，ご専門は。
　　B: エジュケーションですね，ここは。
→　　 自分がここにいるのが，わからない……〈笑い〉

(10) 相手のスタイルに同調 [対等な女性同士]
　　A: そちらは，長いんですか。
　　B: U. Mass ボストンで，あの，MA を取って，で，去年からここ。
→　A: あ，そう。

(11) 独り言的発話 [女性同士，下位から上位]
→　下: わたしも，学部は，英米，英語学，英米，ん？ 英語学，英米科っていうんだったかな。〈笑い〉
→　　 なんか，わかんない，名前……〈笑い〉

(12) 確認に答える発話 [異性，女性が目下]
　　男: ペーパー書くと，30ページでしたっけ。
→　女: 15から30。

(13) 中途終了型発話 [対等な女性同士]

A: いずれは，日本にお帰りになることもあるんですか？
 → B: そうですね。それに，やっぱり仕事のことを考えると，それが一番……
 →   こっちで，アメリカ人に英語を教えるわけにもいかないし……

 宇佐美の研究は多くの有用なデータを含むが，その分析の妥当性には疑問が残る。上記の条件分類は，異なる基準に基づき，また，排他的でもないので，一つの発話がいくつもの項に属してしまう。たとえば，心的距離の短縮の例として挙がっているものは，すべて，独り言的発話である。これは，次節で詳しく検討するが，独り言こそが，親密さと敬意を同時に表現するための最も有効な手段だからである。
 宇佐美の「相手のスタイルに同調するため」という条件も正確ではない。相手が普通体を使ってきたからといって，いつでもそのスタイルに合わせては，問題が起こるのは自明であろう。
 次に，確認のための発話と中途終了型発話の分類にも問題がある。宇佐美の論文では，確認のための発話の例として挙げてあるものは，すべて，中途終了型発話だからである。
 宇佐美は，中途終了型発話は，すべて，普通体であると仮定しているが，中途終了型発話は，基本的に，普通体ででも丁寧体ででも終わることができるので，ここにも問題がある。例 (12) で，「15 から 30」を「15 から 30 ページです」と完結するのも極めて自然であろう。
 松村・因 (1998) も中途終了型発話は普通体として扱う。そして，スタイルシフトを引き起こす要因は，「共同で会話を成功さ

せようという意図」と「より親密になろうとする意志」だとする。

　次の例も『徹子の部屋』からだが，ゲストは，彼女が生まれたときの父親の態度について語る。(松村・因の分析では，黒柳のほうがゲストより目上だとされている。)データの中途終了型発話は，普通体で完結しただろうと推測されるものもあるが，はっきりしないものもある。この分野の研究が待たれるところである。

(14)　ゲ：　で，生まれたら私だったわけですよ。女だったわけですよ。
　→　　　そしたら，その父が病院に来る前に，近所の人に「また，女だったんですって」って聞いてしまって。
　　　黒：　あら，いやだ。どうして近所の人が先に知ってたんでしょうね。
　　　［中略］
　　　ゲ：　それで，一回も病院に見舞いにも来なかったんです。
　→　　　父がショックで，それで，もうご飯も食べずに部屋とか閉じこもっちゃって，なんか，本当に女の子だったのがショックだったみたいで，それで，お母さんもそれを聞いて，ずっとあたしを横においたまま病院でずーっとぽろぽろぽろぽろ泣いてたんですって。

　松村・因によると，丁寧体から普通体へのシフトは，普通，上位の者が始め，下位の者は，それを察知して，自分もくだけた表現へと移行するのだとされている。たとえば，(14)では，上位

の黒柳が「あらいやだ」という，中途終了型ではない，はっきりとした普通体へ移行し，下位にいるゲストがそれに合わせて，略式の「お母さん」や擬態語の「ぽろぽろぽろ」という表現で答えている。

鈴木 (1997) は，話し手と聞き手の領域は，丁寧体でははっきり区別され，話し手は，普通，聞き手の領域を犯すことは避けようとすると指摘する。普通体の会話では，この領域の区別は明確ではなく，対話者は，領域の差よりも，共通の場のほうに重きをおく。

次の例は，鈴木の論文からの引用だが，下位の話し手が上位の相手に，贈り物への感謝を述べている。「あれ，すごーくきれい」と「もっといっぱい欲しいなあ」で普通体へのシフトが起こる。

(15) 　下：　この間はどうも有難うございました。
　→　　　　　あれ，すごーくきれい。
　　　上：　そうでしょ。
　　　［中略］
　→　下：　もっといっぱい欲しいなあ。
　　　上：　そら，よかった。
　　　下：　自分で買いたいんですけど，普通に売ってますか？
　　　上：　しょうざんにあるけど。
　　　下：　しょうざん？　大阪ですか？
　　　上：　京都。
　　　下：　じゃ，今度教えていただけますか？

鈴木は，下位の者が普通体を使うときは，自分の領域か両者の中立領域にあるものについてのみで，謝意，質問，依頼等，上位の

者の領域に属するものに関する発話では，丁寧体が使われると言う。ここでも，注記に値するのは，鈴木のデータで普通体へのシフトは，すべて独り言だと受け取れることである。

　Okamoto (1999) も同じような独り言の用法に触れている。Okamoto の，38歳の男性大学教授と 23歳の女子大学院生の対話データでは，後者が時々，普通体へシフトしているが，その内容は，感嘆の言葉（たとえば，「ああすごい」，「あ，ほんとだ」）や独り言的発話（たとえば，「上の人なんじゃないかなあ」）で，この場合，失礼な響きはないと述べられている。Okamoto のデータでは，相手の大学教授も普通体を使うが，こちらには，感嘆や独り言的発話といった制限は見られない。

　この節では，スピーチスタイルシフトの研究のいくつかを概観した。すでに何度も触れたように，スピーチスタイルシフトでは，独り言的発話が重要な役割を担う。次節では，この話題を取り上げる。

5. 丁寧体会話に埋め込まれた独り言

　日本語研究では，独り言そのものが研究対象となることはほとんどないが，前節で見たとおり，「独り言」，ないしは「独り言的発話」という言葉は頻繁に使われる（第3章，脚注1に挙げてある文献も参照のこと）。

　日本語母語話者は，ほとんど，「へぇ，そうなんだぁ」や「ふぅん，なるほどね」と聞けば，独り言だと感じる。これに対し，英語母語話者は，独り言的発話とそうでないものを区別することには慣れていない。言語学の研究論文で日本語の独り言の例を見ても，英訳が独り言とは聞こえないため，理解できないこともあ

る。英語母語話者に，Oh/Ah/Huh, I see は独り言的かどうかなどと訊ねると，キョトンとされてしまう。

　かと言って，英語の会話に独り言が使われないというわけではない。英語で独り言がどのように使われているかの例を一つ見てみよう。ある夜，スーパーのレジで，客は店員が商品の一つを二回打ったことに気づき，そう告げる。店員は，その日，長時間働いており，とても疲れている。彼は，客と目を合わせずに首を振りながら，I need to go home（もう家に帰らないと）と言う。そして，直ぐに，客に向き直って自分のミスを詫びる。この場合，誰でも，I need to go home は独り言で，これは客に自分は長時間労働で疲れていると暗示していると解釈するだろう。そんなことを客に直接こぼすのは許されないが，こういう形で伝達するならば，角は立たない。

　日本語母語話者が，独り言と聞き手に向けた発話との区別に敏感だということは，日本語には，何らかの形で，独り言という談話モードの指標が存在すると言えるのではないだろうか。もし，そうであれば，日本語でも英語でも，対話における独り言は大切な機能を担うが，日本語のほうがその重要性がより高いということにも納得がいく。

　たとえば，詠嘆詞，感嘆詞は，話し手の心情吐露表現と共起し，聞き手の存在を前提とはしないので，独り言の指標となり得る。

(16) a.　<u>わあ</u>，すごい。
　　 b.　<u>ふうん</u>，変なの。
　　 c.　<u>へえ</u>，やっぱりね。
　　 d.　ほんとかな<u>あ</u>。
　　 e.　かわいそう<u>に</u>。

f. まあ、いい<u>や</u>。

負の指標としては、当然、聞き手目当ての表現は使われない。丁寧語（です・ます）、依頼、命令、質問、挨拶（おはよう、こんにちは）、呼びかけ（おい、もしもし、ちょっと）、返答（はい、いいえ）、ある種の副詞的表現（すみませんが、ここだけの話だけど）、伝聞表現（だそうだ、だって）など。[5]

また、独り言には、普通、主語は現れず、現れる場合は「は」や「が」は省略される。

(17) a. あ、おいしそう。
b. あの人だいじょぶかな。

ここで、丁寧体対話に埋め込まれた独り言に話題を戻そう。日本語の場合、聞き手に敬意を示すためには、丁寧語を使わなければならない。しかし、丁寧語を使うと、必然的に、聞き手との間に距離ができてしまう。このジレンマを緩衝するための手段として、独り言が使われるのである。以下は、上下関係にある女性同士の会話である。

(18) 上： ほんとに英語では苦労します。
    下： えー、ほんとですかぁ？
    上： ほんと、ほんと。
 → 下： へぇ、先生でもそうなんだぁ。

---

5. 仁田（1991）は、「しよう」、「する」、「するつもりだ」を比べ、この三つの表現は、得てして交換可能であるにもかかわらず、「しよう」と「する」は対話にも独り言にも現れるのに対し、「するつもりだ」は聞き手不在の場合には使えないことを指摘する。

第5章 親密さと敬い　153

(19)　下：［お土産の手袋を渡しながら］
　　　　　　これ, 最近, 結構流行ってるんです。
　　　上：あら, 可愛い。どうもありがとうございます。
　　　下：大きさ, だいじょぶですか。
　　　上：ちょうどみたい。
→　下：ああ, よかった。

矢印の普通体発話は, 独り言であり, 一般に言われる丁寧体から普通体へのスピーチレベルシフトではないことに注意していただきたい。前節で見た, 岡本の教室会話に見られるシフトとは, 根本的に違うのである。

(7)　はい, では, 鉛筆置いてくださぁい。それで, まだ, 書けてなくても, 途中で気がついたらね, 発表すればいいんですからね。いいですか。はい, じゃあ, 先ずね, 線を引っ張ったところから発表してもらいまぁす。はい, じゃあ, 線引っ張った人, 手を挙げてくださぁい。［汗をハンカチでふいた後, 手で自分に風を送る動作をしながら］
→　暑さに負けずに頑張ろうね。
　　はい, じゃあ, ミヤユタカさん, お願いしまぁす。

(7)では, 丁寧体発話も普通体発話も, 共に, 生徒に向けられている。したがって, これは, 対話における, 純粋なスピーチスタイルシフトである。しかし, (18)や(19)では, 対話内でのシフトは行われず, 対話と独り言という談話モードでのシフトが行われている。これは, メタ語用論的シフトと呼んでもいいだろう。

この, ポライトネスに関わる, メタ語用論的シフトとしての独

り言には，数々の規制が伴う。当然，聞き手の情報のなわ張り (神尾 (1990), Kamio (1994)) は尊守されなければならない。したがって，この，特殊な独り言で言及できるのは，話し手の領域にあるものだけに限られる。その結果，ほとんどの場合，驚きや感嘆，喜びなど，話し手の心的状況に関わる発話となる。

これも当然のことであるが，相手の発話内容を疑ったり，それに反対したり，「どうでもいいや」のような，投げやりなコメントでは，敬意と親しさの同時指標は達成できない。

この，対話における独り言の効果は，第1章で述べた，公的表現における「自分」という言葉が担うものに似ている。

(20) 自分は，そのことについては何も知りません。

ここでの「自分」は，軍人や硬派の男子運動部部員などを連想させ，上官や先輩に自分を包み隠さずにさらけ出し，うそ偽りのない忠誠心の表示を意図していると受け取れる。独り言も，自分の感情や考えを率直に見せるというのは，相手に対する信頼感なしにはありえない行為なので，親近感の指標となり得るのである。

6. 指標性再考

Ochs (1993: 150-151) は，指標性を二分して，話し手の情動的立場，発話行為（質問，依頼，命令などのスピーチアクト），論争や物語など，規範のある社会的言語行為は直接指標，話し手の性別や対話者の社会関係などは，直接指標機能を通しての，間接指標だとする理論を提唱する。たとえば，日本語の終助詞「ぜ」と「わ」が直接指標するのは，「荒っぽさ」と「繊細さ」という，言語表現の強さに関わる性質の違いで，それによって，間接的

に，話し手の性別や男っぽさ，女っぽさといったイメージを指標すると考える。

独り言の細かい特徴は，まだ，詳しくは分かっていないが，言語表現の指標性は，対話と独り言の枠組みでは，多少異なるものらしい。たとえば，終助詞「ぞ」は，対話では，「ぜ」と同じように男性を連想させるが，独り言では，女性話者が「頑張るぞ」，「負けないぞ」と言っても，少しも違和感はなく，Ochs の言うように，単に，表現の強さを指標するのみである。（「ぜ」は聞き手なしには使えないので，独り言には現れない。）

さらに，言語表現の指標性は，単語レベルに由来するとは限らず，単語とその周辺の表現や発話状況との係わり合いによって起こる場合もある。この章のテーマである，敬意と親しみの共存は，独り言によって指標されるのではなく，スピーチスタイルシフトに見まがう，丁寧体対話と独り言の並列によって伝達されるのである。

また，言語表現は，社会・文化の多様な側面への指標を含むのが普通で，その表現が，常に同じものを指標するとは限らない。すでに見てきたように，普通体発話は，ある時はポジティブポライトネスという，話し手の情動的立場の指標，ある時は非礼の指標となり，またある時は，対話要素表現が含まれない限り，独り言という談話モードの指標となるのである。この，指標の多様性，流動性を考慮すると，対話と独り言の組み合わせで敬意と親密さを表現するのは，自然な成り行きだとも思えてくる。

Pizziconi (2003: 1497) は，人間関係や情動的立場は，典型的に使われる表現や，それほど典型的ではない種々の方法で達成できるが，典型的な敬意表現は，決してポライトネスを直接指標はしないと強調する。しかし，忘れてならないのは，先にも述べた

が，敬意表現なしに敬意は伝達できないという，一方向のみのつながりは存在するということである。

話し手は，丁寧体で敬意を表するが，そうすれば，意図しない距離感も伝わってしまう。しかし，かと言って，そこで普通体に移行すれば，敬意伝達が途切れてしまう。この，板ばさみの状態で，話し手は，一時的に対話を断念して，独り言モードに切り替えるのである。

これは，非常に高度なテクニックであり，スピーチスタイルシフトとは違う特徴を持つ。第4節で触れた，Maynard (1991) の普通体が使われる条件を思い出していただきたい。そこでは，話し手が相手を強く意識しない場合に使われると論じられているが，独り言の指標としての普通体は，相手を強く意識しながら使われるわけである。この，一見，Maynard 理論への反証例とも思われる事実は，これが凡庸なシフトではなく，メタ語用論的シフトであることを示唆している。

本章で取り上げてきた独り言は，もちろん，聞かれることを想定した発話である。しかし，相手に語りかけてはいない。語るのではなく，示すのである。私たちは，かなり早期にこの高度なテクニックを身につけるようだ。Vygotsky (1934/1986) は，幼児の独り言は，外国語母語の子供や，聾唖の子供たちに囲まれると頻度が激減するので，独り言ではあっても，聞かれることを意図した社会的行為だと報告している。

7. まとめ

日本語には，ポライトネスが文法化された敬語体系があり，言語表現と文化的・社会的指標性は，敬語を持たない言語社会に比

べると，かなり固定された，指示的意味に近いものになっている。この敬語体系では，敬意と心的距離の遠さが一まとめにされ，敬意と心的距離の近さは語彙的・構文的には同時指標できない。

　本章では，スピーチスタイルシフトの先行研究をたどり，独り言へのシフトが敬意と親密さの同時指標のストラテジーとして頻繁に使われることを確認した。また，それがどういう着想に基づいているのかも推察してみた。

　まず，日本語の独り言には，聞き手を想定した表現の不在という，負の指標だけではなく，詠嘆・感嘆辞のように，正の指標もあるので，対話と独り言の区別がつけやすいということがある。そして，対話に埋め込まれた独り言は，公的表現での一人称代名詞としての「自分」と同じく，心の中を見せることによって，相手への信頼と親密さを伝えるという道理に基づいている。この機知に富む手法によって，話し手は丁寧体から普通体シフトに伴う，敬意の欠如という危険を避けることができるのである。

第6章

言語使用の形態と公的性の度合い

1. はじめに

　本書では，これまで，英語は公的自己中心で，無標の表現でも伝達性が強いのに対し，日本語は私的自己中心で，無標の表現では伝達性が弱いという仮説を提案し，さらに，日本語における独り言の機能も考察することによって，日本語の持つ非伝達的で自己志向的な側面を浮き彫りにする議論を行ってきた。

　公的自己とは，他者と関わる社会的な伝達主体としての話し手であり，私的自己とは，他者への関わりを意識しない，思考・意識の主体としての話し手である。さらに，公的自己・私的自己は，公的表現・私的表現という異なる言語表現の主体であると規定される。公的表現とは，言語の伝達的機能に対応する言語表現であり，私的表現とは，伝達を目的としない，言語の思考表示機能に対応する言語表現である。第1章で見たように，この違いは，言語表現の引用が問題となる，直接話法・間接話法の文法にもっともよく反映され，特に，発話による伝達とその根底にある思いの関係を捉えるのに有効である。詳しくは以下で論じるが，この理論では，公的表現が聞き手の存在を想定すると言うとき，その聞き手には，話し手と異なる他者だけでなく，話し手自身の自己も含まれる。そのため，公的表現である終助詞「よ」や「ね」が独り言にも現れ得るのである。

　本章では，私的表現・公的表現の区別が言語使用形態の違いとどのような関係にあるかを，まず，小説からの例を基に詳しく検討し，その後で，同様の観点から日本語における独り言について考察を加えることにしたい。第2節では，小説における「意識描出」と「心内発話」という二つの言語使用の範疇を取り上げ，これらが典型的な会話形態から，それぞれどのように区別されるか

について論じる。第3節では，思考動詞の「思う」とそれに対応する英語の think には心内発話を導入する発話動詞的用法があり，その用法では公的表現がその引用部に生じることを示し，それによって，日本語でも英語でも，心内発話が会話から区別される有意味な言語使用の類型であることを明らかにする。第4節では，話し手が他者を意識する度合いの強さとして「公的性」という概念を導入し，この観点から，小説の例に見られる会話・心内発話・意識描出についてさらに検討を加え，日本語と英語を比較する。その結果，日本語の心内発話は，普通の会話形態から遠ざかり，公的性がゼロの意識描出に限りなく近づき得る性質を持つのに対し，英語では，心内発話は会話と連続的に捉えられるが，意識描出との間には断絶があることを示す。そして，この日英語の違いは，日本語が私的自己中心の言語であり，英語が公的自己中心の言語であることから発生する違いであるということを論じる。第5節では，小説の例の分析から得られた知見を基に，第3章と第5章で考察した独り言の特徴を再考し，私的表現・公的表現がどのように独り言に現れるかを検討する。そして，小説における言語使用の区別と同様に，独り言か対話かという，日常的言語使用における区別にも，言語表現の公的性の度合いが重要な意味をもつことを明らかにする。

2. 小説における意識描出と心内発話

　典型的な会話では，話し手は聞き手と対峙し，その聞き手に向けて語りかける。その際に用いられるのは公的表現である。一方，典型的な会話とは異なり，われわれは心の中に聞き手を想定し，その内側の聞き手に対して語りかけることもできる。そのよ

うな言語使用をここでは「心内発話」と呼ぶことにする。心内発話は，特に小説において，登場人物の心の動きを描く技法としてよく用いられる。心内発話には，心の中に想定される聞き手が自己である場合と，他者である場合とがあり，内的な言語使用ではあるが，公的表現が入り込む。それに対し，第1章7.3節で見た自由間接話法のような談話形態では，公的表現は用いられず，もっぱら私的表現が用いられ，内的な自己の「意識描出」が行われる。本節では，小説における意識描出と心内発話の特徴について考察する。

2.1. 意識描出

意識描出は，特に小説の心理描写において見られ，第1章でも述べたように，日本語では，登場人物の主観的な思いが公的表現を用いずに，私的表現のみで表されるものである。新たに，次の二例について考えてみよう。

(1) 何故ともなく，亡くなった父のことが滋子には思い出されてならなかった。優しく，男らしく，年をとっても何となく魅力的だった父が，今の自分を見たら何と言うだろう。今の自分——世の常の結婚ならば，直樹の妻とより他に呼びようのない状態なのに，自分は今，世の中の男たちが，かりそめの快楽を金で買うために用意された部屋の中で，何人の男や女たちが，はずかしげもない行為をくりかえしたか知れぬ花模様の蒲団を，何となくおぞましく思いながら，誰の祝福も受けず，直樹の腕に抱かれて眠っている。

眼を開けないのは涙を見せまいとするからであった。

無邪気な花嫁なら，新婚の夜に泣くことも可愛らしい。けれど，自分には全く泣く理由などないのだ。父が生きていても，決して一途に叱ったりはしないような気がしてならない。いいことをしたとは言ってくれないまでも，黙って自分の心のうちをわかってくれるような気がする。

(曾野綾子『春の飛行』)

(2) けい子はふたたび，顔の皮膚の下で，血がひいていくのがわかり，必死に息をつめた。息をつめて，顔を紅潮させておかなければ，車内中の人の目が，じぶんに注がれ，血の気のない顔色から，あの秘密を一目で見ぬかれてしまうかもしれない。

　二列の座席はふさがっても，通路はまだ，がらんとしていた。その中で，黒い小山がゆらめくような，大きい尼僧たちの行動は，ひどく際だってみえた。何故，この二人は，わざわざじぶんを選んで進んで来たのだろう。ずいぶん離れた距離なのに，選りに選って，じぶんの真前に，立ちふさがらねばならないのだろう。

(瀬戸内晴美「聖衣」)

(1)では，第1段落の「優しく，男らしく...」以下の二文と，第2段落の「無邪気な花嫁なら...」以下の三文が滋子という人物の心理描写である。(2)では，第1段落の「息をつめて...」で始まる文と，第2段落の「何故，この二人は...」以下の二文がけい子という人物の心理描写である。第1章でも見たように，(1)の「自分」は滋子の私的自己を表し，(2)の「じぶん」はけい子の私的自己を表す。さらに，(1)，(2)ともに，それぞれの段落の最

初の部分は語り手の語りの部分で、過去形になっているが、滋子やけい子の思いを描写した部分は現在形になっており、この現在形が表す現在は滋子やけい子にとっての「いま」である。

さて、(1) と (2) の例は、曾野綾子と瀬戸内晴美という女性作家が女性の登場人物の意識を描出したものであるが、その描出部分には、いわゆる女性言葉が用いられていないことに注意していただきたい。これは結局、内的な意識の世界では、男性・女性の違いは本質的に関わってこないからである。すなわち、女性に特徴的な自称詞の「あたし」や終助詞の「わ」などは、公的表現であるために、内的な意識の世界には現れないと言える。[1]

また、内的意識は言語で表現されるが、それ自体は音声を伴って発話される必要はない。したがって、(1) や (2) のテキストを朗読する場合、滋子やけい子という女性の意識ではあっても、女性的な声色をつける必要は全くなく、語りの部分と同じ声で読むことができる。つまり、意識描出では、音声的な性差も問題とならないのである。

私的自己を表す語である「自分」に男女差がないのも、まさに、同じ理由によると言える。

このようなことから、日本語では、ことばに現れる性差は社会的関係を前提とするものであり、だからこそ、内的意識に対応する私的表現には性差が反映されないのだと考えられる。

---

1. 日本語の小説における意識描出は、作家が登場人物の内的意識を描出していながら、そこで用いられている私的表現の使用責任は、当該人物の私的自己に帰されるものである。本章で以下、意識描出が内的な言語使用に対応すると言うときは、この、私的自己に帰される言語使用のことを意味する。なお、独り言にも、いわゆる女性語はほとんど現れない (Hasegawa (2005) 参照)。

2.2. 心内発話

 意識描出では言語的性差が問題とならないことを前節で見たが，小説において，会話ではないのに，自称詞の「あたし」や終助詞の「わ」などの公的表現が用いられる場合もある。それが心内発話の例である。

 たとえば，次の例は，内的な意識の描写ではなく，自分で自分に言い聞かすという，心の中の自己伝達の描写である（以下，例文中の下線は本書の著者による）。

(3) あの人が，あんな目で<u>あたし</u>を見るなんて，許されないことだ，許されないことだ──しゃくりあげそうなのを，必死にこらえた幼児の，りきんだ顔つきで，けい子はしきりにくりかえした。　　（瀬戸内晴美「聖衣」）

(4) 恵子はそんな友達の気持ちが一方ではわかるような気がしながら，他方では，
　　（<u>あたし</u>はお母さんのような目には会いたくない<u>わ</u>）
　　そう心に繰りかえしていた。　　（遠藤周作『結婚』）

(5) その夜，女子寮の一室で千代子はなかなか眠れなかった。同室の友だちは軽い寝息をもうたてている。
　　（<u>あたし</u>は別に吉岡さんに会うために日比谷まで出かけたんじゃない<u>わ</u>）と千代子は懸命に自分に言いつくろおうとする。　　（遠藤周作『結婚』）

(3) の第一文に「あたし」が，(4) と (5) の（ ）内の文に「あたし」と「わ」が使われている。(3) と (4) の当該文が自己伝達の例であることは，(3) では「しきりにくりかえした」という表現から，(4) では「そう心に繰りかえしていた」という文から推察される。「（心に）繰りかえす」というのは，「自分に何度も言い聞

かす」ということだからである。また，(5)では，「自分に言いつくろおうとする」という表現が用いられていることから，（　）内の文が自己への語りかけであることは言うまでもない。

(4)，(5)で引用した遠藤周作の小説においては，心内発話の部分は（　）でくくって表すという表記法が用いられている。同様な表記法は，三浦綾子や司馬遼太郎などの小説にも見られる。以下がその例で，(6)，(7)では男性の「おれ」が，(8)，(9)では女性の「わたし・私」が心内発話に生じている。

(6) 啓造は，煙草をくわえてマッチをすった。少し強い川風の中で，いくどかマッチをすっているうちに，啓造は自分の体の中にも風がふきぬけていくような感じがした。

　　（この川原で，この場所でルリ子は殺されたのだ。お れが，今ここにいるくらいなら，なぜその時，ここにいて助けてやらなかったのか）

　　思っても仕方のないことを啓造は，くりかえし思っていた。
　　　　　　　　　　　　　　　　　（三浦綾子『氷点』）

(7) 信吾は高力伝次郎とは代稽古の日がちがっていたから，めったに顔をあわせることもなかったが，たまに会ったときも，信吾があいさつすると，あごを引いて高い会釈をした。

　　（こいつ，おれをきらってやがるな）

　　信吾は，感じた。きらっているだけではなかった。軽蔑さえしている様子が信吾にもわかった。
　　　　　　　　　　　　　　　（司馬遼太郎『風の武士』）

(8) いままで，奈緒実は竹山をきらいではなかった。しか

し今,急に竹山がいやになった。不潔な男に思えた。
(京子さんとつきあいながら,わたしに結婚を申し込むなんて,どういうつもりかしら)

(三浦綾子『ひつじが丘』)

(9) ふっと夏枝は,日記から視線をそらして,考える目になった。
(なぜ,私や子供のことを日記に書かないのかしら)
(妻や子供よりも仕事のほうが大事なのだろうか)
夏枝には,啓造がそのような夫には思われなかった。

(三浦綾子『氷点』)

さらに,次の例は,話し手が自分に命令するという形をとる心内発話を含むものであり,自己への伝達性がもっとも強く出ている例である。

(10) 信夫は心の中で,大きく自分自身に気合いをかけた。
(回れ右!)
　足がきっぱりと,回れ右をしたかと思うと,信夫はもう駆け出していた。うしろで叫ぶ隆士の声も,行き交う人のあきれたようにふり返る姿も,目にはいらなかった。信夫は,
(前へ進め! 前へ進め!)
と,繰り返し,号令をかけながら,走っていた。

(三浦綾子『塩狩峠』)

(11) 翌日,彼[猪木]は仕事の帰り,いつものように有楽町の駅まで歩きながら突然,昨夜のことを思いだした。
(このまま家に戻れ)
　心の片隅でそう囁く声をききながら,しかしその声

をねじ伏せたい気持ちもあった。(淑子のいうとおりじゃないか。お前は結婚しているんだぞ)

(遠藤周作『結婚』)

(12) 右側の男が，つつ，と足を踏み入れてきた。信吾は，思わず身の内を固くした。

(おい，信吾，蓮を思え。……)

信吾は，あわてて自分にいいきかせた。

蓮を思え，とは，亡くなった父がおしえてくれた言葉である。 (司馬遼太郎『風の武士』)

(10)-(12)で下線を引いた命令表現の受け手は話し手自身である。そして，波線で示したように，命令表現の使用に呼応して，(11)では話し手が対称詞の「お前」で自己を指示しており，また(12)では，「信吾」という名前で自らに呼びかけている。

以上，心内発話でも自己に語りかける場合の例を見てきたが，心内発話には，心の中で他者に語りかける場合もある。たとえば次のような例がある。

(13) 夫の敬三は，

「よし，そんなら俺，今夜，会社から戻ってこないぞ」

玄関のドアを叩きつけるようにして出勤していった。空が曇って雨がふりそうな気配だった。何時もなら恵美子は用心のため夫にレインコートぐらい持っていくことを奨めるのだが今朝は，さすがに癪だったから黙っている。

(いいわよ。そちらがそうなら，こっちだってなんだってしてやるから)

トースターやパン屑がころがっている朝の食卓を手

あらく片づけながら恵美子は縁側においた九官鳥の籠をにらみつけた。　　　　　　　　　（遠藤周作『結婚』）
(14) 美知子は自分の夫になった青年をみあげて黙ったまま微笑した。しかし彼女は心のなかで呟いた。
（あなたは夫，わたしは妻……）
　　　　　　　　　　　　　　　　　（遠藤周作『結婚』）
(15) 奈緒実は［亡くなった］良一にしがみついて，はじめて声をあげて泣いた。
（ゆるして……）
　奈緒実は，一晩中良一に向かってそう叫びつづけた。
　　　　　　　　　　　　　　　（三浦綾子『ひつじが丘』）
(16) ［話をつづけている］お勢似の瞳孔が，信吾の奇妙なうごきにつれて，落着きなく動いている。なんとなく，この静かさがこわいのだ。
（つづけていろ。──）
　信吾は，目顔でしらせた。
　お勢似は，こっくりした。
　　　　　　　　　　　　　　　（司馬遼太郎『風の武士』）

(13)では，夫婦げんかで，夫の言った売りことば（「　」で示されている）に対する妻の買いことばが心内発話になっている。「そちら」は夫を指し，心の中で夫に言い返している。(14)は，夫になった青年に対して心の中で「あなた」と語りかけている。(15)では，心の中で相手に謝罪しているが，もう亡くなっている相手にはそのことばは届かない。(16)では，心の中で相手に命令し，それをことばではなく，目の表情で相手に知らせている。

3. 思考動詞と心内発話

3.1. 日本語の「思う」

第1章では，心的状態を記述する思考動詞はその引用部に私的表現しか取らないということを見たが（第1章の例 (13), (14) を参照），思考動詞の中でも，「思う」には，心内発話を記述する用法もあり，その用法では引用部に公的表現を取ることができる。この用法の「思う」は，次の例のように，特に「思った」という過去形のときに見られる。

(17) 春男はふがいない自分に対して，［おい，しっかりしろよ］と思った。
(18) 春男は弟のふがいない姿を見て，［おい，しっかりしろよ］と思った。

これらの例の引用部は，呼びかけ表現の「おい」，命令表現の「しっかりしろ」，そして終助詞の「よ」からなる公的表現である。(17) の例は，心の中で自分自身に語りかける自己伝達の場合であり，一方，(18) は心の中で他者に語りかける場合である。

「思う」が心内発話を記述する場合は，(17), (18) の例からも明らかなように，その意味構造は「X が Y と思う」という単純な二項関係ではなく，「X が Y に対して Z と思う」という三項関係であると考えられる。これは発話動詞「言う」の「X が Y に Z と言う」という三項関係と平行している。ただし「X が Y に Z と思う」とは言えないのは，おそらく，心の中の発話は実際の発話とは異なり，現実の聞き手には届かない，つまり，聞き手が着点ではないということによると思われる。したがって，「思う」が心内発話を記述する場合は，思考動詞というよりは，一種の発

話動詞，つまり，心的発話動詞と見なすことができる。

「思う」が心的発話動詞として用いられたときには，その引用部には自称詞の公的表現が現れることができる。以下は，インターネットから採取した例である。

(19) ボブの絵画教室を見て，これなら絵心ない<u>俺</u>でもできるんじゃね？と思ったのが運の尽き。

(20) 立派なお墓……。<u>あたし</u>には必要ないわ，とヒロコは思った。

(21) 当時，力の落ちた岡田選手にチャンスがまわって「代打」を出され時，「なんで<u>オレ</u>に代打亀山なんよ！」と当時の中村監督に対して思っていたのは想像に難しくありません。

(22) 少しは，もっと<u>私</u>の病気について知ろうとしてよ！　と，夫に対して思ったこともありました。

(19)，(20) は自己への語りかけの例であり，(21)，(22) は他者への語りかけの例である。

3.2. 英語の think

思考動詞の「思う」が心内発話を導入することができるという現象は日本語に特有のものではなく，英語の think についても見られる。

第1章では，いわゆる話法の区別に関して，直接話法は公的表現の引用であり，間接話法は私的表現の引用であるという仮説を示した。思考動詞は通常その補部に私的表現しかとらないので，間接話法では用いられても，直接話法では用いられないということになる。英語の believe や suppose などの思考動詞につ

いては，この予測どおり，(23b) の間接話法は容認されるが，(23a) の直接話法は容認されない。

(23) a. *She {believed/supposed}, "I'm happy."
   b. She {believed/supposed} that she was happy.

ところが，think は例外で，(24) に示すように直接話法とも共起する。これは，(25) に示した発話動詞の say などと平行的な用法である。

(24) She thought, "I'm happy."
(25) She said, "I'm happy."

think がこのように発話動詞的に用いられる場合，その意味構造は，概略，X think Y to Z のような三項関係であると捉えられる。to Z の Z が X 自身だと，心の中の自己伝達を記述することになり，think to oneself という言い方も可能である。以下に示すように，think to oneself は引用部として直接話法，つまり公的表現を導入することができる。

(26) I thought to myself, "She's a little deaf — or maybe she hasn't washed her ears recently." (B. Hartley and P. Viney, *American Streamline Destinations*)
  (「彼女は少し耳が遠い――あるいはもしかしたら，最近，耳の掃除をしていないのかもしれない」と私は思った。)

(27) "He's a poor liar," thought Inspector Narracott to himself. "Why, I could manage better than that myself." (A. Christie, *The Sittaford Mystery*)

(「やつは，うそがへただな」とナラコット警部は思った。「まあ，おれのほうがまだあれよりはましだ」)

また，次の例では to oneself が表面には出ていないが，自己に語りかける心内発話であることは文脈から明らかである。

(28) As Carol looked around the tastefully decorated room she thought, *Carol, baby! You've hit the jackpot!*[2]　　　　　　　　(S. Sheldon, *The Naked Face*)
(キャロルは，上品に飾られた部屋を見回して，(ねえ，キャロル！ あんた，大当たりだよ)と思った。)

(29) "She [Mother] would know if anything were wrong with Dad," Jennet thought. "And she would have told me, wouldn't she?"

(P. S. Buck, "Answer to Life")
(「お父さんに何かあれば，お母さんが知っている」とジェネットは思った。「そしたら，お母さんはわたしに伝えてくれているだろうから」)

(28)では，キャロルが自分に対して Carol, baby! と呼びかけ，自分に対して you と言っている。(29)では，wouldn't she? という付加疑問の受け手はジェネット自身である。

また，次の例では，think は心の中における他者への語りかけを記述するために用いられている。

---

2. 英語の例文におけるイタリック体の心内発話部分は，日本語訳では( )で示すことにする。以下同様。

(30) Jill stood looking down at his [Toby's] ruined body and thought, *I can't help you. You don't want to live like this. You want to die.*

(S. Sheldon, *A Stranger in the Mirror*)
(ジルは立ったまま,トビーの損傷を受けた体を見下ろして思った。(あたしは,あんたを助けてあげられない。こんなままで生きていたいとは思わないでしょ。死にたいよね))

(31) Judd did something he had never done before with a patient. 'I would like you to come back once more,' he said.

She [Anne] looked up at him quietly. 'Why?'

Because I can't bear to let you go so soon, he thought. *Because I'll never meet anyone like you again. Because I wish I had met you first. Because I love you.* Aloud he said, 'I thought we might — round things out. Talk a little to make sure that you really are over your problem.'

(S. Sheldon, *The Naked Face*)
([精神科医の]ジャッドは,これまで患者に対してしたことのないことをした。「もう一度来ていただきたいのですが」と彼は言った。アンは,静かに彼を見上げた。「どうしてでしょうか」(こんなに早くきみを離してしまうのが耐えられないからだよ。きみのような人にはもう二度と会うことはできないからだよ。ぼくが最初にきみに会っていたらよかったのにと思っているからだよ。きみのことを愛しているからだよ)と彼は思った。

「最後までやるほうがいいんじゃないかと思ったものですから。つまり,もう少し話をしてみて,あなたが本当に治っているのかどうか確かめるというのはどうでしょう」と声に出して言った。)

文脈から明らかなように,(30) の (Jill) thought は (Jill) said to him [Toby] in her mind ということで,引用部中の I は心の中でトビーに話しかけているジルの公的自己を表す。同様に,(31) の he [Judd] thought も he said to her [Anne] in his mind ということに等しく,引用部中の I は心の中でアンに話しかけているジャッドの公的自己を表す。ただし,自己に語りかける心内発話の場合は,(26), (27) の例のように,think to oneself という言い方ができるが,心の中で他者に語りかける場合は,think to someone という言い方はできない。これは,ちょうど,前節で見た日本語の「思う」が「X が Y に Z と思う」と言えないのと同様で,心内発話では,実際の聞き手が思考伝達の到着点とはならないという理由によるものであると思われる。

さらに,(28), (30), (31) の例で興味を引くのは,think が導く心内発話の部分がイタリック体で示されているという点である。これらの例はシドニー・シェルダンの小説からの引用だが,同様な表記法は,以下にあげるように,他の作家の小説でも見られる。

(32) *What do I do with this one?* he thought.

(N. H. Kleinbaum, *Dead Poets Society*)

((これはどうすればいいのだろう)と彼は思った。)

(33) Walking across the street through the snow, I thought, *This has nothing to do with what I've done.*

(S. Smith, *A Simple Plan*)
(雪の中，通りを渡りながら，私は思った。(これは，おれのやったこととは何も関係ない))

(34) *Maybe I should pay just a little more attention to things like that*, Elend thought to himself.
(B. Sanderson, *Mistborn: The Final Empire*)
((多分，そういうことにも，もう少し注意を払わなくては)とエレンドは思った。)

(35) *Anywhere but here*, Kellen thought to himself. *Anywhere has GOT to be better than here!* (M. Lackey and J. Mallory, *The Outstretched Shadow*)
((ここ以外ならどこでも)とケレンは思った。(どこでもここよりはいいところにちがいない))

このように心内発話をイタリック体で示すことによって，通例引用符で囲われる，実際の声に出す発話と表記上の区別を図っているという点は非常に示唆的である。日本語の場合も，2.2節で見た例では，心内発話は特別に( )で表記されていたことを考え合わせると，日本語においても英語においても，心内発話は実際の発話としての会話と区別されるべき言語使用形態であることが明らかであろう。

4. 会話・心内発話・意識描出と公的性の度合い

これまで見てきたように，意識描出と心内発話は，実際に聞き手のいる会話とは区別される言語使用形態である。会話の場合は，自己の外側にいる聞き手に向けた外的言語使用であるのに対

し，意識描出と心内発話は，自己の内側における内的言語使用である（本章脚注1参照）。意識描出は，聞き手を全く想定しない，私的表現のみで表現され，一方，心内発話は，心の中に聞き手を想定するという意味で，公的表現が入り込んでくる。

この三種類の言語使用形態で，言語主体としての話し手がどのように表現されるかを，三浦綾子の小説『塩狩峠』を例に取って見てみよう。この小説では，主人公である信夫が自己に言及するとき，普段の会話では，(36)に例示するように，「ぼく」が用いられるのに対し，心内発話では(37)のように「おれ」，意識描出では(38)のように「自分」が用いられる。

(36) 会話の場合：
「あのね，ふじ子さん」
　信夫は思い切って言った。
「ぼくは旭川に転勤になったんです。旭川はすぐ近くだから，一ヶ月に一度や二度は，お見舞いに来ますけどね」

(37) 心内発話の場合：
（おれも，決して不幸じゃないぞ）
　信夫は，大学に行けないことも決して不幸ではないと心からそう思った。

(38) 意識描出の場合：
信夫は［聖書の一節を］くり返して二度読んだ。自分ははたして他の人のために命を捨てるほどの愛を持つことができるだろうか。

このように言語使用形態に応じて自称詞が使い分けられる現象を捉えるために，ここで，「公的性」という概念を導入したい。公的性とは，話し手が聞き手を想定する度合いの強さ，または，

他者を意識する度合いの強さを言う。私的自己を表す「自分」は，聞き手を全く想定しないので，公的性ゼロの自称詞であると言える。「ぼく」と「おれ」は公的自己を表す点では同じであるが，「ぼく」のほうが「おれ」より公的性が強いと考えられる。したがって，次のようなランクが設定できる。

(39) 公的性の強さ：ぼく＞おれ＞自分（＝0）

公的性が強いということは，さらに言えば，聞き手を，自己からより離れた他者として意識する度合いが強いということでもある。そうすると，公的性の弱い「おれ」は，話し手が自己に語りかける心内発話には非常にふさわしいことになる。一方，「おれ」より公的性の強い「ぼく」の場合は，聞き手がより自己から離れることになるので，聞き手が自己の外側にいる会話での使用がよりふさわしいという意味合いが出てくる。このように公的自己を表す自称詞に公的性の度合いを設けることによって，会話で生じやすいのか，むしろ，心内発話で生じやすいのかをうまく説明することができる。

このことは，逆に言えば，小説における会話，心内発話，意識描出にも，(39)と平行的な，次のようなランクが存在するということでもある。

(40) 公的性の強さ：会話＞心内発話＞意識描出（＝0）

ここで特に注意すべきは，心内発話が会話と意識描出の中間に位置づけられるという点である。つまり，心内発話は公的性の度合いに応じて会話に近づくこともあれば，意識描出に近づくこともあるということである。

したがって，公的性の強い心内発話は会話と区別することが難

しくなる場合もありうる。たとえば，上で挙げた他者に語りかける心内発話の例 (13)-(16) で，心内発話として用いられている言語表現のみを抜き出すと，次のようになる。

(41)　いいわよ。そちらがそうなら，こっちだってなんだってしてやるから。
(42)　あなたは夫，わたしは妻……。
(43)　ゆるして……。
(44)　つづけていろ。

これらの表現は，文脈がなければ，会話の例と見なされるのが普通である。したがって，(13)-(16) でこれらが心内発話と解釈されているのは，まさに，文脈の力に負っていると言わなければならない。

　一方，公的性が極めて弱い心内発話の場合は，意識描出と区別することが難しくなる。たとえば，自称詞の「おれ」や公的表現の終助詞などは全く使われていない，次のような例では，心内発話なのか意識描出なのかは，言語表現上区別しにくい。

(45)　信夫はひどくからだがだるくなった。
　　　（つかれた，つかれた）
　　　　信夫はその場にしゃがみこむようにしてねむりはじめた。
(46)　いま信夫は，遠ざかっていく本州の山に，ふり切るように背を向けた。思いがけなく北海道の山々が，行く手に見えた。信夫は思わずハッとした。
　　　（北海道だ）
(47)　信夫は，若さとは何だろうと，考えるような顔になった。

（若さとは，混沌としたものだろうか）
　　　そんな気もした。

(45)-(47)では，（　）がついているから，著者が当該文を心内発話として提示していることがわかるが，（　）がなければ，これらの文は意識描出と見ることもできる。

　さらに，著者の三浦綾子は，私的自己の「自分」を含む，次のような例も，（　）で囲むことによって心内発話として提示している。

(48)　たったひとりで島に流れついたロビンソンの，希望を失わない忍耐づよい生き方に，信夫はたちまち魅せられてしまった。
　　　（もし，<u>自分</u>だったらどうするだろう）

(49)　その時ハッキリと信夫は，人間は必ず死ぬものであるということを納得した。
　　　（どうして<u>自分</u>が死ぬものであるというこの人生の一大事を，今まで確かに知ることができなかったのだろう）

(50)　信夫は，われながら思い切ったことをしたと，つくづく思った。
　　　（<u>自分</u>はいったい，何の目的で，裁判所の仕事を捨て，母と妹を東京において，北海道までやって来たのだろう）

しかし，もはやこのような例は，言語表現上，意識描出と区別することはできないのである。

　では，どうしてこのようなことが起こるのだろうか。それは，第1章でも論じたように，日本語が私的自己中心の言語だとい

うことに由来すると思われる。私的自己の「自分」は他者と関わらない内的意識の主体である。心内発話のもつ公的性を弱めていけばいくほど，この私的自己表現に近づくと考えられるからである。

それに対し，公的自己中心の英語ではどうであろうか。(36)-(38)にあげた『塩狩峠』からの会話・心内発話・意識描出の関係部分は，Bill and Sheila Fearnehough 訳の英語版 *Shiokari Pass* では，それぞれ次のように訳されている。

(51) 会話の場合：
 a. <u>ぼく</u>は旭川に転勤になったんです。
 b. <u>I</u>'ve been transferred to Asahikawa.

(52) 心内発話の場合：
 a. <u>おれ</u>も，決して不幸じゃないぞ。
 b. <u>I</u>'m not unfortunate either.

(53) 意識描出の場合：
 a. <u>自分</u>ははたして他の人のために命を捨てるほどの愛を持つことができるだろうか。
 b. Did <u>he</u> really have enough love for somebody else to throw away his life for them?

英語では，公的自己を表す言葉としては I しかないので，会話の「ぼく」と心内発話の「おれ」を区別することはできない。ということは，文脈がなければ，心内発話を心内発話として解釈することはできないということである。つまり，英語では心内発話から公的性を取り去ることができないので，心内発話は言語表現上は会話的性格を常に帯びることになると言える。一方，(53)の意識描出における「自分」は I ではなく，he である。これは，

第1章でも説明したように,英語には私的自己を表す固有の言葉がないために,当該意識主体の信夫が公的自己としての語り手から見て三人称であるので,he が使われているのである。

このように,英語では会話と心内発話は連続的に捉えられるが,意識描出との間には一種の断絶がある。これは,まさに,英語が公的自己中心の言語だからだと言えよう。

5. 独り言再考

本章ではこれまで,私的表現・公的表現の観点に基づき,小説における言語使用形態として,次に示す三つを区別した。

(54) 小説における言語使用の区別
    A. 意識描出
    B. 心内発話
        (i) 心の中で自己に語りかける場合
        (ii) 心の中で他者に語りかける場合
    C. 会話

(54A) の意識描出は,作家が登場人物の内的意識を私的表現で描出するものだが,この場合,私的表現はすべて登場人物の私的自己に結びつけて解釈されるので,結果として,私的自己の内的意識が直接提示されることになる。(54B) の心内発話は,登場人物の心の動きを,その人物による心の中での発話として提示するもので,これには,自己に語りかける場合と他者に語りかける場合があり,どちらにも公的表現が入り込む。(54C) の会話は,言うまでもなく,他者としての聞き手との,公的表現レベルでのことばのやりとりである。

本節では，上に示した，小説における言語使用の区別を念頭に置きながら，第3章と第5章で論じた日本語の独り言を再考したい。

5.1. 私的・公的発話と私的・公的表現

第3章で述べたように，独り言は，話し手とは別個の聞き手を想定しない発話である。一般に，発話は，他者としての聞き手への伝達を意図するタイプと，それを意図しないタイプに大別できる。前者を「公的発話」，後者を「私的発話」と呼ぶと，独り言は，他者が介入しない自己の世界内の私的発話だということになる。

さらに，第3章と第5章の考察を踏まえると，私的発話には，自己の思いを表出する「意識表出型発話」と，自己の思いを確認することによって，思考の自己管理を行う「自己伝達型発話」に分けられる（詳しくは以下で論じる）。自己の思いを他者に伝えるのは公的発話で，(54)に示した小説の場合，心の中で他者に語りかける心内発話も，会話と同様に，公的発話ということになる。

このように考えると，自己，他者，私的・公的発話，私的・公的表現の関係は，次のように示すことができる。

(55)　　　　　　　　　　　　　　発話の　　言語表現の
　　　　　　　　　　　　　　　　タイプ　　タイプ
　A．自己の意識表出　　　　　　私的発話　　私的表現
　B．自己の自己への語りかけ　　私的発話　　公的表現
　C．自己の他者への語りかけ　　公的発話　　公的表現

このうち，「私的」と「公的」が混在する(55B)が，特に興味深

い現象である。それが自己伝達的な性質を帯びるのは、まさに、公的表現が私的発話に入り込んでいるということに基づいて、次のように説明できる。まず、公的表現の「公的」というのは、言語表現に伝達性、言い換えれば、他者志向性があるということである。他方、私的発話の「私的」というのは、自己以外の他者がいないということである。そうすると、自己しかいない私的発話に公的表現が生じると、自己自体の中に他者性が入り込み、自己が、語る自己と語られる自己に分かれ、それが結局、自己伝達型の私的発話ということになると思われる。逆に、自己伝達型私的発話に生じる公的表現は、他者志向性の強い表現であってはならない、つまり、伝達の受け手と距離をあまり置きすぎるものであってはならないということになる。

以下、独り言の二つのタイプである (55A) と (55B) の場合について、より具体的に論じることにする。

5.2. 独り言の二つのタイプ

まず、(55A) に対応する意識表出型発話から考えてみよう。これは、思いや意識を言語で表現するだけの、私的表現レベルの発話であり、他者だけでなく、自己への働きかけなども特に感じられないものである。たとえば、(56) のような例がその典型であり、第5章で扱った独り言はこのタイプに属する。

(56) a. わあ、すごい。
　　 b. あー、疲れた。
　　 c. これ、おもしろい。

これらは、話し手が発話時点で感じた思いを直接、表現するものである。意識表出型発話は私的表現だけからなるので、もっとも

独り言として解釈されやすい発話である。

　第5章で見たように，意識表出型発話が対話の中で用いられると，話し手は聞き手に語りかけているのではなく，自らの心の内を吐露しているのである。したがって，敬意を表すべき相手との対話において，(57)のような意識表出型発話を用いても失礼とはならないのである。

　(57)　わあ，とっても似合う。

それどころか，このような発話で自らの心の内を見せることによって，敬意を表すべき相手に親密さを示すこともできるのである。

　次に，(55B)に対応する自己伝達型発話について考えよう。これは，第3章で扱った独り言のように，終助詞の「ね」や「よ」などの公的表現が生じる私的発話である。第3章では，心理学的研究に基づき，これらの終助詞が，まず，社交的・伝達的手段として習得され，その後に，独り言でも使われるようになるということを示唆した。そして，それらが独り言で用いられる場合は，話し手が話し手自身に情報管理に関する一定の指令を出す働きをするということを論じた。

　この，第3章の考察から，次のことが言える。「ね」や「よ」が合図する指令の指令者は常に話し手だが，被指令者は，本来，話し手とは別個の聞き手であるのがデフォルトであり，独り言で用いられた場合は，話し手自身が被指令者となる（そしてその場合は，自己が自己に働きかける発話となる）。さらに，このことを私的・公的という観点から捉え直すと，次のように言えるだろう。終助詞の「ね」や「よ」は本来，公的表現であるので，それらが含まれる発話は，他者への伝達を意図する公的発話として解

釈されるのがデフォルトであり，他者としての聞き手が想定されない独り言的文脈が与えられないかぎりは，私的発話として解釈するのは非常に難しい。

これは，たとえば，(57) の例と，それに「ね」や「よ」を付けた次の例を比較することからも分かる。

(58) a. わあ，とっても似合うね。
　　 b. わあ，とっても似合うよ。

第5章で見たように，敬意を表すべき相手との対話において (57) の普通体は使えても，「ね」や「よ」がついた (58) の普通体は使えない。(57) は，上でも述べたように，私的表現だけからなる発話で，公的性がゼロなので，言語表現上は，他者を全く意識しない発話である。したがって，敬意を表すべき相手と対話していても，言語表現上はその相手に向けた発話とは解釈されないので，普通体であっても，その相手に失礼にはならないのである。それに対し，(58) は公的表現を含むので，言語表現上，他者を意識した発話だと解釈される。敬意を表すべき相手と対話している状況では，当然，その相手が「ね」や「よ」の公的性が向かう対象と判断される。したがって，(58) は，敬意を表すべき相手に対する公的発話であるにもかかわらず，普通体を使っているので，その相手に失礼だと見なされるのである。

このように，公的表現を含む発話は，その公的性ゆえに，他者としての聞き手がいる状況では公的発話として機能すると言える。一方，他者としての聞き手を消し去った独り言的状況になると，公的表現はその公的性ゆえに，自己の中に他者性を持ち込み，上でも述べたように，自己が自己に語りかける自己伝達型発話を形成するのである。

5.3. 独り言と公的性の度合い

　第3章で指摘した興味深い事実として，終助詞の「ね」は対話の場合と同様に，独り言でも頻繁に用いられるのに対し，「よ」は対話の場合に比べると使用頻度が非常に低いということがある。第3章では，この事実を説明するのに，「ね」が指令する情報のマッチングという作業は一人の人間の思考の中で行われやすいのに対し，「よ」が指令する推論という作業は行われにくいということを論じた。この問題は，「ね」と「よ」がもつ言語表現としての公的性の度合いという観点から，次のように捉え直すことができる。

　「ね」が行うマッチング指令とは，当該発話が伝える情報を，(聞き手，あるいは話し手自身の知識にある) 既知情報と照合し，その確認を求めることである。この場合，指令者と被指令者の間に一定の情報が共有されていることが前提となるので，両者の (情報に関する) 心的隔たりが小さく，その意味で，指令者に対する被指令者の他者性が弱いと言える。だからこそ，第3章で観察したように，これが話し手・聞き手間で起こると，話し手の聞き手への共感が高くなるのである。一方，「よ」が行う推論指令は，当該発話が伝える新たな情報を基に，(聞き手，あるいは話し手自身の知識にある) 関連情報の捉え直しを求めることである。この場合は，指令者と被指令者の間に一定の情報の断絶があることが前提となっており，だからこそ，ある情報を与えて推論を促すことで，情報上の断絶を埋めるように指示するのだと思われる。そうすると，推論指示の場合は，指令者と被指令者の (情報に関する) 心的隔たりが大きいということになり，その意味で，指令者に対する被指令者の他者性が強いと言える。自己が他者を意識する度合いの強さを公的性と呼んでいるので，以上の議

論から，「ね」は公的性が弱く，「よ」は公的性が強いということになる。したがって，公的性の弱い「ね」は私的発話としての独り言に生じやすいが，公的性の強い「よ」は生じにくいということが言える。

このように見てくると，たとえば，「すごい」を含む発話に関して，次のような公的性のランクを仮定することができる。

(59) すごいよ＞すごいね＞すごい（＝0）

言語表現上の公的性がゼロである「すごい」は，すごさを直接表現する私的発話として容易に解釈される。「すごいね」は，すごさの確認を求めるものだが，確認要求は他者だけでなく，自己確認という形で自己に求めることもできる。自己確認であるとき，「すごいね」は私的発話として解釈される。一方，「すごいよ」は，すごさからの推論を求めるものだが，上述のように，推論要求の相手には，情報上の断絶があることが前提となる。したがって，推論要求は同一情報を持たない話し手と聞き手の間では頻繁に行われるが，話し手自身の中で行われるためには，話し手は自己をかなり他者化しないといけないのである（この点は小説からのデータとの関係で以下でも論じる）。この理由から，「すごいよ」は私的発話として解釈するのが比較的難しいということになり，それは，まさに，「よ」がもつ公的性の強さによるのである。

このように言語表現の公的性の度合いという観点から，ある言語表現を含む発話が私的発話として解釈されやすいかどうかを判断することができるように思われる。上で見た「すごいね」は自己確認をする私的発話と解釈できるが，これを丁寧体の「すごいですね」に変えると，確認要求を求める相手に距離を置くことになるので，公的発話にはなり得ても，私的発話として生じる可能

性はないと考えられる。

　また，本章第4節では，小説からのデータを基に，自称詞について次のような公的性のランクを仮定した。

　　(60)　ぼく＞おれ＞自分（＝0）

「ぼく」と「おれ」は公的自己を表す公的表現で，「自分」は私的自己を表す私的表現である。第3章で言及したわれわれの実験データによると，男性の独り言では，「おれ」が最もよく使われるが，「おれ」が使われた場合も，公的表現である以上，ある種の対人意識があると考えられる。2.1節で論じたように，日本語ではことばに現れる性差は社会的関係を前提とするので，「おれ」が含意する，自分が男だという自己認識は，対人意識の表れと見ることができる。「自分」が自称詞として使われている例はそれほど多くはないが，「自分」の場合は，自己意識を表現するだけで，自分が男か女かの自己認識は伴わない。たとえば，次の(61)は，第3章の(15)に挙げた独り言の例から抜き出したものである。「自分」が使われており，公的表現が入っていないので，意識表出型発話と考えられる。

　　(61)　自分が見てる。

このままだと，男性か女性か分からないが，これを(62)のように変えると，自分が男だという自己認識のもとに，(61)に相当する内容を表現していることになる。

　　(62)　おれが見てる。

私的発話における，男であることの自己認識には，公的性の弱い「おれ」が適しているのであり，それより公的性の強い「ぼく」は

私的発話には生じにくいということが言えるだろう。

　最後に，2.2節で考察した，小説における心内発話と，日常的言語使用における独り言との関係について簡単に述べておきたい。心内発話には，話し手が心の中で自己に語りかける場合と他者に語りかける場合の二種類がある。5.1節で見たように，後者は他者への伝達を意図する公的発話に対応するのに対し，前者は自己伝達型の私的発話に対応する。自己伝達型私的発話の特徴は，上でも述べたように，公的表現の使用によって話し手は自身の中に他者性を持ち込み，自らを，語る自己と語られる自己に分けるということである。自己の中に他者性を最大限に持ち込む方法は，語られる自己を二人称化することである。したがって，小説の心内発話では，2.2節に示したように，次のような例が自己伝達型私的発話の例として出てくる。

　(63) a.　このまま家に戻れ。
　　　b.　お前は結婚しているんだぞ。(例 (11) 参照)

しかし，このような例はわれわれの独り言データには出てこない。ということは，日常的には，このような例に見られるほど極端に，つまり劇的に，自己を他者化することはないということになる。上で見たように，終助詞の「よ」が「ね」に比べて独り言に生じにくいのは，「よ」が行う推論要求が情報上の断絶を前提とするため，これが同一自己内で行われるためには，自己の中にかなり強く他者性を持ち込まなければならないということであった。(63)の心内発話は，話し手が自らを二人称化して，行動や認識の見直しを迫るものであり，「よ」の場合以上の他者化が関与する，極めて分裂性の強い発話である。したがって，小説や演劇などの文学作品では，登場人物の心の揺れを誇張的に表現する

ために用いられることはあっても，日常的な独り言には現れないのが普通である。

しかし，だからと言って，(63) のような例が自己伝達型私的発話のもつ性質から逸脱したものではない点にも注意が必要である。つまり，語られる自己を二人称化して他者化する一方で，直接命令形や「お前」という，ごく親しい者だけに使われる対称詞によって，語る自己と語られる自己の距離をできるだけ置かないようにしている点が重要なのである。(64) のように，命令形に「なさい」や対称詞に「きみ」を用いて，伝達の受け手と距離を置くようにすると，もはや，自己伝達型私的発話とは見なせなくなる。

(64) a. このまま家に戻り<u>なさい</u>。
　　 b. <u>きみ</u>は結婚しているんだぞ。

ここでも，言語表現の公的性の度合いが私的発話と解釈されるかどうかに関与していると言える。

このように考えてくると，小説のデータも独り言のデータも同じ原理で説明可能であることが分かる。違いは，程度の問題であり，小説では文学的技法の一部として劇的効果を狙った言語使用の事例がより多く見られるということである。

6. まとめ

本章では，まず，小説における言語使用を会話・心内発話・意識描出という三つの形態に分け，さらに，心内発話を中心として，日英語の小説におけるこの三形態の関係について考察した。日本語においても英語においても，心内発話は，一方で実際の発

話としての会話と区別され，他方で意識描出とも区別されるので，この三区分は日英語に共通のものであると言える。しかし，日英語には次のような違いがある。日本語における心内発話は，公的性を弱めることが可能であり，それによって，会話から遠ざかり，意識描出に限りなく近づくという性質を持つ。それに対し，英語における心内発話は，それから公的性を取り去ることはできず，したがって，会話とは表裏一体をなす傾向が強い一方，意識描出とは一線を画すという性質を持つ。この日英語の違いは，まさに，日本語が私的自己中心の言語であり，一方，英語が公的自己中心の言語であるということを裏づけるものである。

　続いて本章では，小説における言語使用の区別を念頭に置きながら，日本語の独り言について検討した。独り言は，他者への伝達を意図しない私的発話だが，そのタイプには，私的表現のみからなる意識表出型発話と，公的表現が入り込む自己伝達型発話の二つがあることを見た。意識表出型発話としての独り言は，小説における意識描出と同様に，言語表現上，公的性ゼロの発話である。一方，自己伝達型発話としての独り言には公的表現が用いられるが，私的発話である以上，その公的表現は公的性の弱いものとなる。つまり，発話に生じる公的表現の公的性が強ければ強いほど，その発話は私的発話ではなく，公的発話だと解釈されることになるのである。これは，小説における心内発話に関して，その公的性が弱まれば弱まるほど意識描出に近づくという傾向の裏返しと見なすことができる。

　このように，私的表現・公的表現という言語表現タイプの区別と，私的発話・公的発話という発話タイプの区別を統合することによって，日本語に見られる，日本人の私的性と公的性の関係が重層的な形で捉えられるのである。

あ と が き

　本書は，日本の大学で英語学を教える廣瀬と，アメリカの大学で日本語学を教える長谷川の合作である。太平洋で隔てられていても，Eメールのおかげで，密度の濃い共同執筆ができた。一人が草稿を作成すると，それを添付ファイルでもう一人に送る。受け取ったほうは，それに赤でコメントを加え，加筆・修正を施し，送り返す。草稿作成者はそれをもとに修正稿を作成し，再度相手に送る。それを受け取ったほうは，修正箇所等を確認し，また草稿作成者に送り返す。このようなやりとりを何度も繰り返しながら，そして時に国際電話で意見調整もしながら，本書の原稿を整えることができた。

　われわれが共同研究をするきっかけになったのは，長谷川が1999年に「東西言語文化の類型論」という，筑波大学の特別プロジェクトに研究協力者として招かれたことであった。その当時，長谷川は，日本人の個の意識に関する言語学的研究（相対的自己に対する絶対的自己の優位性）を行っており，廣瀬は，話し手の二つの側面（公的自己と私的自己）に関する日英語対照研究を行っていた。似たような問題意識をもつ二人は意気投合し，「言語における主体性とその文化的意味合い」というテーマで共同研究を行うことになった。

　その成果として，上記プロジェクトの研究報告書に「日本語から見た日本人——日本人は『集団主義的』か」という共著論文を執筆した。これは，言語学的方法論に基づいて，伝統的な日本人論を批判的に検討したもので，本書へと至る，われわれの共同研究

の出発点となったものである。この日本人論再考を，より多くの読者に知ってもらいたいと思い，公刊したのが廣瀬・長谷川 (2001) である。これをさらに発展させたものとして，Hasegawa and Hirose (2005) と廣瀬・長谷川 (2007) がある。

　これらの論文の内容は，加筆・修正のうえ，本書の第 1 章に組み込んだ。それ以外の章は，廣瀬・長谷川 (2001) 以降のわれわれの研究で本書の趣旨に合う部分を統合・発展させ，新たにまとめたものである。本書を通して，ことばと人間や，ことばと文化の研究に関心を持つ読者が増えることを願ってやまない。

　本書では独り言のデータを活用したが，そのデータ収集に協力してくださった，24 名の被験者の方々に，まず，お礼を述べたい。録音した独り言を書き起こしているとき，一人一人がとても親しく，いとおしく思えると同時に荘厳ささえ感じた。これは，本書でたびたび論じた，こころの中を率直に見せるという行為がどのぐらい人を動かす力を持つかの好例である。

　また，本書の内容に関連して，特に次の方々（敬称略）から，これまで貴重なコメントや助言をいただいた。岩田彩志，纓坂英子，今野弘章，高野陽太郎，坪本篤朗，中右実，長沼圭一，西田光一，古川直世，森雄一，山口治彦，和田尚明，Wesley Leonard, Kevin Moore, John Whitman。ここに記して謝意を表したい。

　最後に，出版の労をお取りいただいた，開拓社編集課の川田賢氏にお礼申し上げる。

2009 年 11 月

廣瀬幸生・長谷川葉子

参考文献

青木保 (1999)『「日本文化論」の変容――戦後日本の文化とアイデンティティー』中央公論新社, 東京.

荒木博之 (1973)『日本人の行動様式――他律と集団の論理』講談社, 東京.

Atkinson, R. and R. Shiffrin (1968) "Human Memory: A Proposed System and Its Control Processes," *The Psychology of Learning and Motivation*, ed. by K. Spence and J. Spence, 89-195, Academic Press, New York.

Bachnik, J. M. (1994) "*Uchi/Soto*: Challenging Our Conceptualizations of Self, Social Order, and Language," *Situated Meaning: Inside and Outside in Japanese Self, Society, and Language*, ed. by J. M. Bachnik and C. J. Quinn, Jr., 3-37, Princeton University Press, Princeton.

Bakhtin, M. (1984) *Problems of Dostoevsky's Poetics*, University of Minnesota Press, Minneapolis.

Banfield, A. (1982) *Unspeakable Sentences: Narration and Representation in the Language of Fiction*, Routledge and Kegan Paul, Boston.

Bartlett, F. (1932) *Remembering: A Study in Experimental and Social Psychology*, Cambridge University Press, Cambridge.

Beaudichon, J. (1973) "Nature and Instrumental Function of Private Speech in Problem Solving Situations," *Merrill-Palmer Quarterly* 19, 117-135.

ベフ, ハルミ (1987)『イデオロギーとしての日本文化論』思想の科学社, 東京.

Benedict, R. (1946) *The Chrysanthemum and the Sword: Patterns of Japanese Culture*, Houghton Mifflin, Boston.［長谷川松治(訳)『菊と刀――日本文化の型』講談社.］

Benveniste, E. (1971) *Problems in General Linguistics*, trans. by M. E. Meek, University of Miami Press, Coral Gables, FL.

Berk, L. (1992) "Children's Private Speech: An Overview of Theory and the Status of Research," *Private Speech: From Social Interaction to Self-Regulation*, ed. by R. Diaz and L. Berk, 17–53, Lawrence Erlbaum, Hillsdale, NJ.

Berk, L. and R. Garvin (1984) "Development of Private Speech among Low-Income Appalachian Children," *Developmental Psychology* 20, 271–286.

Bivens, J. and L. Berk (1990) "A Longitudinal Study of the Development of Elementary School Children's Private Speech," *Merrill-Palmer Quarterly* 36, 443–463.

Bolinger, D. (1979) "To Catch a Metaphor: *You* as Norm," *American Speech* 54, 194–209.

Brown, P. and S. Levinson (1978/1987) *Politeness: Some Universals in Language Usage*, Cambridge University Press, Cambridge.

陳常好 (1987)「終助詞——話し手と聞き手の認識のギャップをうめるための文接辞」『日本語学』第6巻第10号, 93–109.

Chomsky, N. (1981) *Lectures on Government and Binding*, Foris, Dordrecht.

Clancy, P. (1986) "The Acquisition of Japanese," *The Acquisition of Japanese*, ed. by P. Clancy and D. Slobin, 373–524, Lawrence Erlbaum, Hillsdale, NJ.

Clement, J., D. Brown and A. Zeitsman (1989) "Not All Preconceptions Are Misconceptions: Finding 'Anchoring Conceptions' for Grounding Instruction on Students' Intuitions," *International Journal of Science Education* 11, 554–565.

Cook, H. (1990) "The Sentence-Final Particle *Ne* as a Tool for Cooperation in Japanese Conversation," *Japanese Korean Linguistics*, 29–44, CSLI Publications, Stanford.

Cook, H. (1992) "Meanings of Non-referential Indexes: A Case Study of the Japanese Sentence-Final Particle *Ne*," *Text* 12, 507–539.

Diaz, R. and L. Berk, eds. (1992) *Private Speech: From Social Interaction to Self-Regulation*, Lawrence Erlbaum, Hillsdale, NJ.

土居健郎 (1971)『「甘え」の構造』弘文堂, 東京.

土居健郎 (2000)『土居健朗選集6 心とことば』岩波書店, 東京.

Feigenbaum, P. (1992) "Development of the Syntactic and Discourse Structures of Private Speech," *Private Speech: From Social In-*

teraction to Self-Regulation, ed. by R. Diaz and L. Berk, 181-198, Lawrence Erlbaum, Hillsdale, NJ.

Fillmore, C. J. (1997) *Lectures on Deixis*, CSLI Publications, Stanford.

Fludernik, M. (1993) *The Fictions of Language and the Languages of Fiction: The Linguistic Representation of Speech and Consciousness*, Routledge, London.

Fry, P. (1992) "Assessment of Private Speech and Inner Speech of Older Adults in Relation to Depression," *Private Speech: From Social Interaction to Self-Regulation*, ed. by R. Diaz and L. Berk, 267-284, Lawrence Erlbaum, Hillsdale, NJ.

Grice, P. (1975) "Logic and Conversation" *Speech Acts*, ed. by P. Cole and J. Morgan, 41-58, Academic Press, New York.

Haegeman, L. (1990) "Understood Subjects in English Diaries: On the Relevance of Theoretical Syntax for the Study of Register Variation," *Multilingua* 9, 157-199.

Haegeman, L. and T. Ihsane (1999) "Subject Ellipsis in Embedded Clauses in English," *English Language and Linguistics* 3, 117-145.

濱口惠俊(編) (1996)『日本文化は異質か』日本放送出版協会, 東京.

Hasegawa, Y. (1993) "Prototype Semantics: A Case Study of TE K-/IK- Constructions in Japanese," *Language and Communication* 13, 45-65.

Hasegawa, Y. (1999) "Tense-Aspect Controversy Revisited: The *-Ta* and *-Ru* Forms in Japanese," *Selected Papers from the 6th International Pragmatics Conference*, ed. by J. Verschueren, 225-240, International Pragmatics Association, Antwerp.

Hasegawa, Y. (2002) "Speech-Style Shifts and Intimate Exaltation in Japanese," *CLS* 38, 269-284.

Hasegawa, Y. (2005) "A Study of Soliloquy in Japanese," *BLS* 31, 145-156.

Hasegawa, Y. (2006) "Embedded Soliloquy and Affective Stances in Japanese," *Emotive Communication in Japanese*, ed. by S. Suzuki, 209-229, John Benjamins, Amsterdam.

Hasegawa, Y. (2007) "Demonstratives in Soliloquial Japanese," *CLS* 43, 93-107.

Hasegawa, Y. and Y. Hirose (2005) "What the Japanese Language Tells Us about the Alleged Japanese Relational Self," *Australian Journal of Linguistics* 25, 219-251.

日高水穂 (1994)「越中五箇山方言における授与動詞の体系について——視点性成立過程への一考察」『国語学』176集, 14-25.

日高水穂 (1997)「授与動詞の体系変化の地域差——東日本方言の対照から」『国語学』190集, 24-35.

Hirose, Y. (1995) "Direct and Indirect Speech as Quotations of Public and Private Expression," *Lingua* 95, 223-238.

廣瀬幸生 (1997)「人を表すことばと照応」『指示と照応と否定』中右実 (編), 1-89, 研究社出版, 東京.

Hirose, Y. (2000) "Public and Private Self as Two Aspects of the Speaker: A Contrastive Study of Japanese and English," *Journal of Pragmatics* 32, 1623-1656.

Hirose, Y. (2002) "Viewpoint and the Nature of the Japanese Reflexive *Zibun*," *Cognitive Linguistics* 13, 357-401.

廣瀬幸生・長谷川葉子 (2001)「日本語から見た日本人——日本人は『集団主義的』か〈上・下〉」『言語』第30巻第1号, 86-97, 同2号, 86-96.

廣瀬幸生・長谷川葉子 (2007)「ダイクシスの中心をなす日本的自己」『言語』第36巻第2号, 74-81.

本多啓 (2005)『アフォーダンスの認知意味論:生態心理学から見た文法現象』東京大学出版会, 東京.

Horn, L. R. (1984) "Toward a New Taxonomy for Pragmatic Inference: Q-Based and R-Based Implicature," *Meaning, Form, and Use in Context: Linguistic Applications*, ed. by Deborah Schiffrin, 11-42, Georgetown University Press, Washington, D.C.

Ide, S. (1991) "How and Why Do Women Speak More Politely in Japanese?," *Aspects of Japanese Women's Language*, ed. by S. Ide and N. McGloin, 63-79, Kurosio, Tokyo.

池上嘉彦 (2000)『「日本語論」への招待』講談社, 東京.

池上嘉彦 (2007)『日本語と日本語論』筑摩書房, 東京.

Ikuta, S. (1983) "Speech Level Shift and Conversational Strategy in Japanese Discourse," *Language Sciences* 5, 37-53.

井上和子 (1983)「日本語の伝聞表現とその談話機能」『言語』第12巻第

11 号, 113-121.

井上優 (1997)「『もしもし, 切符を落とされましたよ』——終助詞『よ』を使うことの意味」『言語』第 26 巻第 2 号, 62-67.

Iwasaki, S. (1993) *Subjectivity in Grammar and Discourse: Theoretical Considerations and a Case Study of Japanese Spoken Discourse*, John Benjamins, Amsterdam.

伊豆原英子 (2003)「終助詞『よ』『よね』『ね』再考」『愛知学院大学教養部紀要』第 51 巻第 2 号, 1-15.

John-Steiner, V. (1992) "Private Speech among Adults," *Private Speech: From Social Interaction to Self-Regulation*, ed. by R. Diaz and L. Berk, 285-296, Lawrence Erlbaum, Hillsdale, NJ.

鎌田修 (1988)「日本語の伝達表現」『日本語学』第 7 巻第 9 号, 59-72.

鎌田修 (2000)『日本語の引用』ひつじ書房, 東京.

神尾昭雄 (1990)『情報のなわ張り理論——言語の機能的分析』大修館書店, 東京.

Kamio, A. (1994) "The Theory of Territory of Information: The Case of Japanese," *Journal of Pragmatics* 21, 67-100.

神尾昭雄 (1998)「情報のなわ張り理論:基礎から最近の発展まで」『談話と情報構造』中右実(編), 1-111, 研究社出版, 東京.

片桐恭弘 (1995)「終助詞による対話調整」『言語』第 24 巻第 11 号, 38-45.

Katagiri, Y. (2007) "Dialogue Functions of Japanese Sentence-Final Particles 'Yo' and 'Ne'," *Journal of Pragmatics* 39, 1313-1323.

片岡邦好 (2002)「指示的, 非指示的意味と文化的実践——言語使用における『指標性』について」『社会言語科学』第 4 巻第 2 号, 21-41.

加藤重広 (2001)「文末助詞『ね』『よ』の談話構成機能」『富山大学人文学部紀要』第 35 号, 31-48.

加藤正信 (1973)「全国方言の敬語」『敬語講座 6　現代の敬語』林四郎・南不二男(編), 25-83, 明治書院, 東京.

木村敏 (1972)『人と人との間——精神病理学的日本論』弘文堂, 東京.

木村敏 (1990)『分裂病と他者』弘文堂, 東京.

Kitagawa, C. and A. Lehrer (1990) "Impersonal Uses of Personal Pronouns," *Journal of Pragmatics* 14, 739-759.

小林典子 (2003)「伝聞表現は高等技術——日本語教育の現場から」『言語』第 32 巻第 7 号, 56-61.

Kohlberg, L., J. Yaeger and E. Hjertholm (1968) "Private Speech: Four Studies and a Review of Theories," *Child Development* 39, 691-736.

国立国語研究所 (1955)『談話語の実態』国立国語研究所, 東京.

小森道彦 (1992)「人称ダイクシスの磁場」『グラマー・テクスト・レトリック』安井泉(編), 185-209, くろしお出版, 東京.

今野弘章 (2007)「イ落ち構文における形式と機能の対応」「談話のタイプと文法の関係に関する日英語対照言語学的研究」研究会発表論文, 筑波大学.

Kronk, C. (1994) "Private Speech in Adolescents," *Adolescence* 29, 781-804.

熊倉千之 (1990)『日本人の表現力と個性――新しい「私」の発見』中央公論社, 東京.

久野暲 (1978)『談話の文法』大修館書店, 東京.

Kuroda, S.-Y. (1973) "Where Epistemology, Style, and Grammar Meet: A Case Study from Japanese," *A Festschrift for Morris Halle*, ed. by S. R. Anderson and P. Kiparsky, 377-391, Holt, Rinehart and Winston, New York.

黒田成幸 (1979)「(コ)・ソ・アについて」『林栄一教授還暦記念論文集・英語と日本語と』林栄一教授還暦記念論文集刊行委員会(編), 41-59, くろしお出版, 東京.

Langacker, R. W. (1990) "Subjectification," *Cognitive Linguistics* 1, 5-38.

Lebra, T. S. (1992) "Self in Japanese Culture," *Japanese Sense of Self*, ed. by N. R. Rosenberger, 105-120, Cambridge University Press, Cambridge.

Loftus, E. and J. Palmer (1974) "Reconstruction of Automobile Destruction: An Example of the Interaction between Language and Memory," *Journal of Verbal Learning and Verbal Behavior* 13, 585-589.

Lyons, J. (1977) *Semantics: 1*, Cambridge University Press, Cambridge.

牧野成一 (1996)『ウチとソトの言語文化学――文法を文化で切る』アルク, 東京.

Matsumoto, Y. (1989) "Politeness and Conversational Universals:

Observations from Japanese," *Multilingua* 8, 207-221.

松村瑞子・因京子 (1998)「日本語談話におけるスタイル交替の実態とその効果」『言語科学』第33号, 109-118.

Maynard, S. (1991) "Pragmatics of Discourse Modality: A Case of *Da* and *Desu/Masu* Forms in Japanese," *Journal of Pragmatics* 15, 551-582.

Maynard, S. (1993) *Discourse Modality: Subjectivity, Emotion and Voice in the Japanese Language*, John Benjamins, Amsterdam.

Maynard, S. (1997) *Japanese Communication: Language and Thought in Context*, University of Hawai'i Press, Honolulu.

Mead, G. (1934) *Mind, Self, and Society: From the Standpoint of a Social Behaviorist*, University of Chicago Press, Chicago.

南博 (1994)『日本人論——明治から今日まで』岩波書店, 東京.

森雄一 (1998)「『主体化』をめぐって」『東京大学国語研究室創設百周年記念国語研究論集』東京大学国語研究室創設百周年記念国語研究論集編集委員会(編), 186-198, 汲古書院, 東京.

森雄一 (2008)「自己表現のダイナミズム——『自分』『われ』『おのれ』を中心に」『ことばのダイナミズム』森雄一・西村義樹・山田進・米山三明(編), 295-309, くろしお出版, 東京.

森山新 (1998)「終助詞『な』と『ね』の意味・用法の違いについて」*The Korean Journal of Japanology* 41, 171-187.

森山卓郎 (1989)「コミュニケーションにおける聞き手情報——聞き手情報配慮非配慮の理論」『日本語のモダリティ』仁田義雄・益岡隆志(編), 95-120, くろしお出版, 東京.

森山卓郎 (1997)「『独り言』をめぐって——思考の言語と伝達の言語」『日本語文法 体系と方法』川端善明・仁田義雄(編), 173-188, ひつじ書房, 東京.

中根千枝 (1967)『タテ社会の人間関係——単一社会の理論』講談社, 東京.

中右実 (1994)『認知意味論の原理』大修館書店, 東京.

ネウストプニー, J. V. (1982)『外国人とのコミュニケーション』岩波書店, 東京.

西田光一 (2002)「人を表す総称名詞句の指示対象了解的用法について」*JELS* 19 (日本英語学会19回大会研究発表論文集), 116-125.

西田直敏 (1998)『日本人の敬語生活史』翰林書房, 東京.

西村義樹 (2000)「対照研究への認知言語学的アプローチ」『認知言語学の

発展』坂原茂(編), 145-166, ひつじ書房, 東京.

仁田義雄 (1991)「意志の表現と聞き手存在」『国語学』165集, 1-13.

Ochs, E. (1993) "Indexing Gender," *Sex and Gender Hierarchies*, ed. by B. Miller, 146-169, Cambridge University Press, Cambridge.

Ochs, E. (1996) "Linguistic Resources for Socializing Humanity," *Rethinking Linguistic Relativity*, ed. by J. Gumperz and S. Levinson, 407-437, Cambridge University Press, Cambridge.

岡本能里子 (1997)「教室談話における文体シフトの指標的機能——丁寧体と普通体の使い分け」『日本語学』第16巻第3号, 39-51.

Okamoto, S. (1997) "Social Context, Linguistic Ideology, and Indexical Expressions in Japanese," *Journal of Pragmatics* 28, 795-817.

Okamoto, S. (1999) "Situated Politeness: Coordinating Honorific and Non-honorific Expressions in Japanese Conversations," *Pragmatics* 9, 51-74.

小野晋・中川裕志 (1997)「階層的記憶モデルによる終助詞『よ』『ね』『な』『ぞ』『ぜ』の意味論」『認知科学』第4巻第2号, 39-57.

大江三郎 (1975)『日英語の比較研究——主観性をめぐって』南雲堂, 東京.

大曽美恵子 (1986)「誤用分析1 『今日はいい天気ですね。』——『はい, そうです。』」『日本語学』第5巻第9号, 91-94.

大久保愛 (1967)『幼児言語の発達』東京堂出版, 東京.

Peirce, C. (1960) *Collected Papers of Charles Sanders Peirce, Vol. 4*, Harvard University Press, Cambridge, MA.

Piaget, J. (1923/2002) *Language and Thought of the Child*, Routledge, London.

ピーターセン, マーク (1990)『続日本人の英語』岩波書店, 東京.

Pizziconi, B. (2003) "Re-examining Politeness, Face and the Japanese Language," *Journal of Pragmatics* 35, 1471-1506.

Reischauer, E. O. (1950) *The United States and Japan*, Harvard University Press, Cambridge, MA.

Saigo, H. (2006) *The Pragmatic Properties and Sequential Functions of the Japanese Sentence-Final Particles* Ne, Yo *and* Yone, Doctoral dissertation, University of Durham.

佐治圭三 (1957)「終助詞の機能」『国語国文』第26巻第7号, 23-31.

Sell, R. (1992) "Literary Texts and Diachronic Aspects of Politeness," *Politeness in Language: Studies in Its History, Theory, and Prac-*

tice, ed. by R. Watts, S. Ide and K. Ehlich, 109–129, Mouton de Gruyter, Berlin/New York.

Shinzato, R. (2004) "Some Observations Concerning Mental Verbs and Speech Act Verbs," *Journal of Pragmatics* 36, 861–882.

Slobin, D. (1996) "From 'Thought and Language' to 'Thinking for Speaking," *Rethinking Linguistic Relativity*, ed. by J. Gumperz and S. Levinson, 70–96, Cambridge University Press, Cambridge.

Suckle, R. (1994) "*Uchi/Soto*: Choices in Directive Speech Acts in Japanese," *Situated Meaning: Inside and Outside in Japanese Self, Society, and Language*, ed. by J. Bachnik and C. Quinn, 114–142, Princeton University Press, Princeton.

杉本良夫・マオア，ロス (1995)『日本人論の方程式』筑摩書房，東京．

杉浦まそみ子 (2007)『引用表現の習得研究——記号論的アプローチと機能的統語論に基づいて』ひつじ書房，東京．

鈴木睦 (1997)「日本語教育における丁寧体世界と普通体世界」『視点と言語行動』田窪行則(編), 45–76, くろしお出版，東京．

鈴木孝夫 (1973)『ことばと文化』岩波書店，東京．

鈴木孝夫 (1996)『教養としての言語学』岩波書店，東京．

Swan, M. (2005) *Practical English Usage*, 3rd ed., Oxford University Press, Oxford.

Tager-Flusberg, H. (1992) "Autistic Children's Talk about Psychological States: Deficits in the Early Acquisition of a Theory of Mind," *Child Development* 63, 161–172.

高見健一 (2003)「伝聞が伝聞でなくなるとき」『言語』第32巻第7号, 29–35.

高野陽太郎 (2008)『「集団主義」という錯覚——日本人論の思い違いとその由来』新曜社，東京．

Takubo, Y. and S. Kinsui (1997) "Discourse Management in Terms of Mental Spaces," *Journal of Pragmatics* 28, 741–758.

坪本篤朗 (2002)「モノとコトから見た日英語比較」『国際関係・比較文化研究』第1巻第1号 (静岡県立大学国際関係学部), 57–78.

時枝誠記 (1951)「対人関係を構成する助詞・助動詞」『国語国文』第20巻第9号, 1–10.

Uehara, S. (1998) "Pronoun Drop and Perspective in Japanese," *Japanese/Korean Linguistics* 7, 275–289.

Uyeno, T. (1971) *A Study of Japanese Modality: A Performance Analysis of Sentence Particles*, Doctoral dissertation, University of Michigan.

上野田鶴子 (1972)「終助詞とその周辺」『日本語教育』第17号, 62-77.

宇佐美まゆみ (1995)「談話レベルから見た敬語使用——スピーチレベルシフト生起の条件と機能」『学苑』第662号, 27-42, 昭和女子大学近代文化研究所.

Vygotsky, L. (1934/1986) *Thought and Language*, MIT Press, Cambridge, MA.

和田尚明 (2001)「英語の完了形・日本語の完了形相当表現の時間構造と定時点副詞類との共起性」『言語研究』第119号, 77-110.

和田尚明 (2008)「公的自己中心性の度合いと西欧諸語の法・時制現象の相違」『ことばのダイナミズム』森雄一・西村義樹・山田進・米山三明(編), 277-294, くろしお出版, 東京.

鷲留美 (1997)「終助詞と発話類型: 東京語終助詞『わ』と『な』の談話における働き」『日本語・日本文化研究』第7号, 65-79, 大阪外国語大学.

綿巻徹 (1997)「自閉症児における共感獲得表現助詞『ね』の使用の欠如: 事例研究」『発達障害研究』第19号, 146-157.

Watson, J. (1925) *Behaviorism*, W. W. Norton, New York.

Watts, R. (1992) "Linguistic Politeness and Politic Verbal Behaviour: Reconsidering Claims for Universality," *Politeness in Language: Studies in Its History, Theory, and Practice*, ed. by R. Watts, S. Ide and K. Ehlich, 43-70, Mouton de Gruyter, Berlin/New York.

Wetzel, P. J. (1994) "A Movable Self: The Linguistic Indexing of *Uchi* and *Soto*," *Situated Meaning: Inside and Outside in Japanese Self, Society, and Language*, ed. by J. M. Bachnik and C. J. Quinn, Jr., 73-87, Princeton University Press, Princeton.

山口治彦 (2002)「直示動詞と対話空間: 英語, 日本語, そして九州方言をもとに」『神戸外大論叢』第53巻第3号, 51-70.

山口美知代 (1998)「自由間接話法と情報の伝達構造: 話法・引用の対照研究のために」『京都府立大学学術報告 人文・社会』第50号, 61-74.

Yoshino, K. (1992) *Cultural Nationalism in Contemporary Japan*, Routledge, London.

索　引

1. 日本語はあいうえお順。英語は ABC 順で最後に一括してある。
2. 数字はページ数を表す。

[あ行]

「あげる・やる」　7, 12
「あたし」　51, 148, 164-165, 171
アナロジー　106
甘え　5
「行く」　14, 55
意識表出型発話　183-185, 189, 192
意識描出　viii, 160-162, 164-165, 176-182, 191-192
一・二人称　48, 55, 134
一人称　vi, 6, 12, 15, 23-24, 38-39, 41-45, 48-49, 52, 54-56, 58, 63, 65, 67-68, 71-72, 74-75, 129, 157
慇懃無礼　138
インデックス性　134
イントネーション　81, 88
引用部　17, 20-21, 24, 125, 131, 161, 170, 172, 175
ヴィゴツキー理論　77-80, 103
ウチ　v-vi, 2-3, 5-8, 10-13, 15, 30, 33-34
英語の独り言　151

詠嘆詞　103, 151, 157
応答表現　16
「思う」　9-14, 17, 161, 170-176
「おれ」　81, 134-135, 166, 171, 177-179, 181, 189
恩恵の受け手　12-13

[か行]

概念的知識　94
確認要求　88, 188
過去形（過去時制）　28-29, 164, 170
語り手　28-29, 127, 164, 182
「～がっている」　8-9, 50
感覚登録機（sensory register）　104
間接アクセス領域　92, 94, 98
間接引用　123, 130-131
間接形（文形式）　113-117
間接ね形　114-117
間接話法　18, 20, 22-24, 27, 160, 171-172
感嘆詞　142, 150-151, 157
記憶モデル　104

205

聞き手基盤 (hearer-based) 46
聞き手志向表現 16, 27, 32, 119
聞き手の領域 55, 149
擬似的知覚経験 92-93
既知情報 107, 187
客体化 (objectification) 39, 41-42, 70
客体性 40, 56
協応的態度 89
教科書英語的日本語 68-71
共通認識領域 90
共同注意 (joint attention) 102
空主語 (null subject) 56-58, 61, 67
「来る」 13-14, 55
「くれる」 7, 12-14, 55
敬意 vii, 136-141, 147, 152, 154-157, 185-186
敬意表現 vii, 136-139, 155-156
経験的指示詞「あれ」 95
敬語 3, 6-7, 11-12, 25, 32, 75, 136-140, 156-157
敬語使用 32, 75, 138
けじめ 139, 145
言語主体 vi, 3, 15, 23, 34, 41, 177
言語使用形態 vii, 160, 176-177, 182
現在形 (現在時制) 28-29, 45, 164
謙譲語 7, 11, 136
健常児 101-103
公私のけじめ 139
公的自己 vi, viii, 3, 15-16, 18-26, 28-32, 34, 38-39, 48, 54, 56, 67, 72, 74, 111-112, 125-132, 160, 175, 178, 181-182, 189, 192-193
公的自己中心 vi, 18, 30, 34, 39, 44-45, 56, 67, 72, 74, 112, 125, 127, 129, 132, 160-161, 181-182, 192
公的性 viii, 161, 176-179, 181, 186-189, 191-192
公的発話 183, 185-186, 188, 190, 192
公的表現 vi-vii, 16-20, 25-27, 30-31, 34, 74, 125, 160-162, 164-165, 170-172, 177, 179, 182-186, 189-190, 192
高齢者の独り言 80
五箇山方言 12
心の理論 (theory of mind) 101
語用論的法則 94
コンテクスト 134

[さ行]

作業記憶 (working memory) 94, 98, 104-105
三人称 9-10, 12, 23-24, 28, 45, 48-49, 54, 128-129, 182
三人称主語 9-10
自我意識 vi, 2, 6, 38-39, 71
自己意識 v-vi, viii, 3, 5-7, 10, 31, 34-35, 38, 48, 67, 189
思考・意識の主体 vi, 3, 16, 18-19, 31, 48, 74, 160
思考動詞 16-17, 20, 59, 125, 161, 170-171

自己監視指令 94
自己志向性 vi-vii, 39-40, 56, 67, 70-72, 75
自己中心的ことば (egocentric speech) 76-78
自己伝達型発話 183-186, 190-192
自己認識 189
自己の意識表出 183
自己の延長 7-8
自己の不変性 39
自己の流動性 3-4, 6-7, 10, 33, 38-39
自己への語りかけ 166, 168, 170-171, 173, 175, 178, 182-183, 186, 190
自称詞 25, 164-165, 171, 177-179, 189
時制 27-29, 127, 129
親しみ vii, 136, 140, 145, 155
私的自己 vi-viii, 3, 15-16, 18-19, 21-25, 28-32, 34, 38-39, 45-46, 48, 56, 70-71, 74, 111-112, 118, 125-127, 129, 131-132, 160-161, 163-164, 178, 180-182, 192-193
私的自己中心 vi-vii, 18, 34, 39, 44-45, 48, 56, 71, 74, 112, 118, 125, 129, 131-132, 160-161, 180, 192
私的発話 183-185, 188-192
私的表現 vi-vii, 16-18, 20-21, 23, 25-26, 28-30, 32, 34, 74, 127, 131, 160-162, 164, 170-171, 177, 182-184, 192

視点 13-14, 21, 28, 53, 75, 126-127, 130
指標性 (indexicality) 134-136, 154-156
「自分」 18-19, 21-24, 27-28, 30-34, 39, 48-50, 53, 67, 129, 154, 157, 162-164, 177-178, 180-181, 189
自分のためのことば 78
自閉症児 101-103
自閉的言語活動 77
社会的意味 135
社交能力 77
自由間接話法 25-29, 123, 125, 127, 162
終助詞 vii, 16, 25, 74, 77, 82-83, 85, 87-88, 90, 100-103, 108, 154-155, 160, 164-165, 170, 179, 185, 187, 190
終助詞の頻度 82-87, 96, 101-108, 187
集団主義 2, 4, 34, 38, 193
集団モデル v-vi, 2-6, 18, 30, 33-34, 38-39, 71
主語省略 40, 56, 58, 68, 75
授受動詞 6-7, 34
主体化 (subjectification) 39-41, 43, 56, 58, 67-68, 74
主体性 v-vi, 39, 56, 59, 193
上位と下位の者 142
状況依存性 (contextualism) 4-5, 18, 30
証拠性 (evidentiality) 8
小説における言語使用 viii, 161, 182-183, 191-192

情報維持　104
情報上の断絶　187-188, 190
(情報の)検索　92-94, 105
(情報の)コード化　94, 105
(情報の)なわ張り　vii, 89, 91, 111-119, 129-132, 154
(情報の)マッチング　94-95, 100, 103-104, 106-107, 187
省略可能性　39, 44
女性言葉(女性語)　164
親族指示語　3, 6, 11, 33
心的イメージ　92
心的距離　137, 139, 142, 144, 146-147, 157
心的状態　16-17, 170
心的情報処理過程　94
心的領域　92
心内発話　viii, 160-162, 165-183, 190-192
親密さを尊ぶ社会　139
心理述語　3, 8-13, 15, 24, 34, 50, 58, 128-129
心理描写　27, 162-163
推論　47, 98-100, 106-107, 187-188, 190
スピーチアクト　134, 154
スピーチスタイルシフト　136, 141-150, 153, 155-157
性差　164-165, 189
絶対的自己　3, 8, 11-15, 23-24, 34, 193
繊細さ　154
総称の you (generic *you*)　52-54
「そうだ」(伝聞)　16, 110, 114, 120-121, 125-126, 130, 152
「そうだ」(様態)　8-9, 50
相対敬語　7, 11-12
相対的自己　3, 6, 8, 10-14, 30, 33, 193
ソト　v, 2, 5-8, 11-12, 30, 34
尊敬語　7, 11, 136-138, 143

[た行]

「〜たい」　9-10, 47
ダイアローグ的談話　45-46, 75
ダイクシス　13-14, 134
対称詞　25, 168, 191
対人意識　189
対人関係　vi, viii, 26, 34-35, 74, 119
対人関係の助詞　82, 103
代名詞　18, 27, 39-40, 42, 44, 46, 54, 72
代名詞回避 (Avoid Pronoun)　47
対話者間の共感・交感 (affective common ground)　90-91, 101-102, 142-143, 187
対話調整　91
他者化　188, 190-191
他者志向性　vii, 40, 56, 68, 70, 72, 184
他者性　50-51, 184, 186-187, 190
他者への語りかけ　156, 161, 168, 170-171, 173, 175, 179, 182-183, 190
タテ社会　5
他人のためのことば　78

短期貯蔵庫 (short-term store) 104-105
男女差 83, 164-165
談話管理モデル 91, 108
談話モードの指標 151, 155
知覚主体 43
知覚動詞 59
知識ベース 92
忠誠心 5, 31-32, 154
中途終了型発話 146-149
長期記憶 92, 94-95, 98, 105
長期貯蔵庫 (long-term store) 104
直示 27, 134
直示的表現 27
直接アクセス領域 92, 94
直接形(文形式) 113-117, 128, 131
直接経験 94, 117
直接ね形 114-116
直接話法 18-20, 22, 27, 160, 171-172
「って」 110, 115, 120-123, 125-130, 152
丁寧語 25, 136-138, 143, 152
丁寧体 vii, 16, 25, 31-32, 74, 113, 137, 139-150, 152-153, 155, 157, 188
です・ます調 136
伝達節 120-121, 123, 125, 127, 130
伝達態度 16-17
伝達の主体 vi, 3, 16, 19, 74, 130
伝聞 vii, 110-113, 117, 119-121, 123, 125, 127-128, 130-132
伝聞表現 vii, 16, 110-112, 125-126, 128-129, 131, 152
「という」 110-111, 123, 125-127, 130-131
同意表示 88
同意要求 88
動名詞 46

[な行]

「な」 85, 87, 114
内言 78-79, 93, 99
内言能力 80
内的意識 28, 127, 164, 181-182
日常的言語使用 viii, 32, 161, 190-191
日記英語 40, 56-58, 66-68, 72
二人称 23, 45, 48-49, 52, 54-55, 129, 134
二人称化 190-191
日本人論 v-vi, 193-194
日本文化論 v, 2
任意の「ね」 89
認識動詞 59
認識領域 90
人称制限 50
人称体系 30, 48, 54, 128
人称代名詞 6, 15, 22-23, 29-30, 48, 54, 68-69, 127
「ね」 vii, 16, 76-77, 82-83, 86-91, 94-96, 98-104, 106-108, 114-117, 160, 185-188, 190

[は行]

発話行為　48, 82, 134, 154
発話動詞　17, 20, 161, 170-172
発話場面　18, 54, 134
話し手基盤 (speaker-based)　46
話すための思考　91, 100
必須の「ね」　89
「人」　48-53
人ごと化　51-52
独り言　vii-viii, 16, 46, 74-83, 87, 89, 91-93, 95-100, 104, 106-108, 131, 136, 143-144, 147, 150-157, 160-161, 164, 182-192, 194
独り言的発話　vii, 136, 146-147, 150
非人称 (non-person)　48
描出話法　26, 127
非礼の指標　155
復元可能　45, 75
普通体　136-150, 153, 155-157, 186
プライベートスピーチ　76-80
文形式　111-119, 131
方言　12, 21, 55, 80, 87, 102, 135
「ぼく(僕)」　18-20, 22, 30, 38, 50-51, 54, 134, 177-178, 181, 189
北米先住民の民話　105
ポジティブポライトネス　138-139, 155
ポライト　138
ポライトネス　vii, 89, 134-139, 153, 155-156

[ま行]

無標　41-42, 45, 68, 70, 74-75, 160
命令形　191
命令表現　16, 168, 170
メタ語用論的シフト　153, 156
モダリティ　82
黙考　78
モノローグ的談話　46, 75

[や行]

「やる・あげる」　7, 12
有標　41-42, 56-58, 68, 70
「よ」　vii, 16, 25-26, 74, 76-77, 82, 84, 86-91, 94, 96-104, 107-108, 160, 170, 185-188, 190
「よ↓」(下降調)　98-99
「よ↑」(上昇調)　98-99
幼児の言語習得　11, 101
幼児の終助詞習得　77, 101-103, 108, 185
「ようだ」　110
ヨコ社会　5
ヨソ　5
「よね」　83, 86-87, 90
「よ」の推論　98-100, 104, 106-108, 187-188, 190
呼びかけ語　3, 6
呼びかけ表現　16, 170

[ら行]

「らしい」　110, 113-115, 117,

120-121, 125-126, 130
流動的自己意識　3, 5-8, 10, 33, 38-39
類推　106

[わ行]

「わ↓」（下降調）　83-84, 86, 98
「わ↑」（上昇調）　83-84, 86
「わたし（私）」　7-10, 13, 18-19, 22-23, 30, 38, 42-43, 50-51, 54, 65, 68-69, 134, 165-167, 169, 171, 179

[英語]

come/go　55
daddy/mommy　6
he　22-23, 28, 42, 48, 50-51, 68, 181-182
I　6, 22-23, 26, 30, 38-39, 42-43, 47-48, 50-54, 57-69, 134, 175, 181
my　65-67
myself　66-67
one（人）　52-53
person　48, 51
she　22-23, 48, 68, 172
think (to oneself)　172-176
to 不定詞　46-47
you　22, 48, 50-54, 68

廣瀬　幸生　（ひろせ　ゆきお）

1984 年，筑波大学大学院博士課程文芸・言語研究科単位取得退学。文学博士。現在，筑波大学教授。主要業績: *Referential Opacity and the Speaker's Propositional Attitudes* (リーベル出版, 1986)，『指示と照応と否定』(共著, 研究社, 1997)，"Viewpoint and the Nature of the Japanese Reflexive Zibun" (*Cognitive Linguistics* 13, 2002)，「話者指示性と視点と対比」(『「内」と「外」の言語学』，開拓社, 2009) など。

長谷川　葉子　（はせがわ　ようこ）

1992 年，カリフォルニア大学バークレー校言語学部博士課程修了。Ph.D. 現在，カリフォルニア大学バークレー校准教授。主要業績: *A Study of Clause Linkage: The Connective -TE in Japanese* (CSLI, Kurosio, 1996)，"The (Nonvacuous) Semantics of TE-linkage in Japanese" (*Journal of Pragmatics*, 1996)，"Embedded Soliloquy and Affective Stances in Japanese" (*Emotive Communication in Japanese*, John Benjamins, 2006) など。

日本語から見た日本人
―― 主体性の言語学 ――

〈開拓社　言語・文化選書 16〉

2010 年 3 月 8 日　第 1 版第 1 刷発行

著作者　　廣瀬幸生・長谷川葉子
発行者　　長沼芳子
印刷所　　日之出印刷株式会社

発行所　　株式会社　開拓社

〒113-0023　東京都文京区向丘 1-5-2
電話　(03) 5842-8900 (代表)
振替　00160-8-39587
http://www.kaitakusha.co.jp

© 2010 Y. Hirose and Y. Hasegawa　　ISBN978-4-7589-2516-7　C1380

JCOPY ＜(社)出版者著作権管理機構　委託出版物＞
本書の無断複写は著作権法上での例外を除き禁じられています。複写される場合は，そのつど事前に，(社)出版者著作権管理機構（電話 03-3513-6069, FAX 03-3513-6979, e-mail: info@jcopy.or.jp) の許諾を得てください。